時不再來

U0050732

主席八年下冊

曾鈺成 著

自 序

　　寫完了《主席八年》的最後一篇，有一份完成了任務的輕鬆感覺，同時也頗有點失落。走出時光隧道，回到現實，面對的是一個完全改變了的世界。

　　我着手寫這回憶錄的時間，是 2019 年 6 月至 2021 年 4 月。這二十多個月是香港回歸以來最艱難的日子：首先是「反修例」暴亂，接着是「新冠」疫情。在這段日子裏，正常生活成為奢望；每天看到的，都是令人懊惱的新聞。埋首寫回憶錄，讓我暫時忘卻這個令我覺得難以理解和無法適應的荒謬世界，在意識上返回消逝了的日子，沉浸在久違了的「舒適區」之中。

　　那些年的回憶，固然有喜有悲，有稱心滿意之事，亦有失望沮喪之時；但總的來說，那是我熟悉的、可以自信自在地活在其中的世界。過去一年多，寫回憶錄成為我最享受的事：它令我活在以往「正常」日子的記憶中，在顛簸的歲月裏維持平衡的情緒和豁達的心境。

《主席八年》上冊寫我在香港特別行政區第四屆立法會（2008至2012年）擔任主席的日子；下冊寫第五屆（2012至2016年）。寫的雖然同是4年，但下冊比上冊長了一半。這是因為第五屆發生的難忘的事，實在太多了，而且每件事都有一個複雜的發展過程，要把來龍去脈說清楚，不能吝嗇篇幅。我經常要面對困難的選擇：有些事件本來想記上一筆，但在衡量事件的重要性和把它說明白所需要的篇幅之後，還是決定「割愛」。

我不是編寫歷史，也不是要宣揚什麼道理；我不會只按「歷史意義」去評估每宗事件的重要性。在我看來，一件事情是否「重要」、是否值得提及，首先看它是否有趣。而「有趣」的關鍵特徵是「意想不到」：或者出現了意想不到的發展，或者包含了意想不到的內情，又或者導致了意想不到的後果。我選擇憶述的事件，每一宗都有意想不到的成份；有的在文中點出了，有的留給讀者們想像。

如果要從歷史的角度來看，在第五屆立法會任期裏發生的事件，對「一國兩制」在香港的實踐影響至大至深的，莫如普選行政長官的方案被否決。按我的標準，普選方案被否決也是極為「有趣」的事件。或許有很多人認為，普選方案被否決的結果是意料中事；然而，即使政改早已注定以失敗告終，但政改爭議發展的過程，自始至終充滿了意想不到的轉折，連最後的表決結果也出乎所有人的意料之外！作為對整個政改過程的緊密觀察者，我有理由相信，當中有不少重要內情，至今不為人知，甚至永遠不會曝光；這令事件特別耐人尋味。和這事件有關的憶述和討論，在本回憶錄裏佔了很大篇幅。

今天回過頭去看，很多人會為政改不能通過感到惋惜，也有人會為普選沒有實行感到慶幸。但對政改持不同態度的人都會同意，如果當年通過了普選方案，今天的香港應是另一個樣子。不過，歷史沒有

「如果」;我們不能改變過去,只能實事求是地面對今天。

　　我給《主席八年》下冊起了一條標題:「時不再來」。這句話有兩個含意:一是時機錯過了不可復得;二是時代改變了不會還原。這是我回顧過去時最深刻的體會。

曾鈺成

2021年5月

目　錄

第一章　　**換屆連任**

第二章　　**風雲初起**

第三章　　**矛盾升溫**

曾鈺成擔任立法會主席期間大事

（後四年，2012-2016）

2012/09
學民思潮等反國教團體佔領政府總部東翼前地示威，迫使當局取消推行國教科時間表。

2012/10
曾鈺成以43票對27票擊敗梁家傑成功連任立法會主席；同月裁定宣誓「做騷加料」的黃毓民重新宣誓有效。

2013/01
郭榮鏗就外傭居港權案提出「捍衛法治和司法獨立」議案反對人大釋法，終被否決。

2012   ●   ●   **2013** ●   ●

2012/09
立法會選舉在反國教風波下創投票新高，建制派贏得歷來最多議席，曾鈺成再次在港島區當選。

2013/01
立法會以37票反對、27票贊成，否決因僭建問題而彈劾梁振英的動議。

2013/06
曾鈺成應英國下議院議長伯科邀請到訪倫敦，期間探討如何「剪布」。

2013/10
政府不發牌予王維基主理的香港電視，惹來大批市民上街，人數為反國教以來最多。

2014/05
梁振英出席答問大會先後遭打斷，曾鈺成歷史性腰斬答問人會。

2014

2013/07
葉國謙提出跟進斯諾登指控美國政府入侵香港電腦系統，獲建制泛民跨黨派支持。

2014/04
曾鈺成率領立法會議員訪問上海，泛民與中央官員會面討論政改問題，惟未能達成共識。

2014/06
立法會財委會審議新界東北發展計劃前期撥款，反對發展計劃的示威者首次衝擊立法會大樓。

2014/08
全國人大常委會通過香港行政長官普選和2016年立法會產生辦法的決定（即「831決定」）。

2014/09
戴耀廷宣布「佔領中環」啟動，示威者佔據全港多處道路。

2014/09
終審庭裁定立法會主席「剪布權」來自《基本法》，不受《議事規則》限制。

2014/06
國務院發布《「一國兩制」在香港特別行政區的實踐》白皮書，闡明中央對香港擁有「全面管治權」，引發示威。

2014/12
警方完成（除立法會管轄範圍外）各佔領場地的清場行動，歷時79天的佔領運動結束。

2015/02
立法會舉行新春午宴，邀請行政長官及政府高層出席，與全體議員聯歡；泛民議員全數缺席，是歷來首次。

2015/05
中央「政改三人組」王光亞、李飛和張曉明在深圳與泛民議員會面，冀打破政改困局。

2015 ● ━━━ ● ● ━━━━━━━━━━━ **2016** ━━━ ● ● ▶

2015/06
立法會表決政改方案，建制派「甩轆」，發生「等埋發叔」事件，令方案在28票反對、8票贊成下遭否決。

2016/07
原獲跨黨派支持的醫生註冊條例草案，因部分泛民轉軚而推倒，林鄭月娥在會期最後一天批評泛民盲目反對草案。

2016/05
人大委員長張德江訪問香港，行程中與部分立法會議員會面，包括4名泛民議員，為歷來首次。

第 一 章　換 屆 連 任

盆居榜首

市民的讚賞是最令從政者欣慰的回報。港大民意研究計劃的「十大議員評分」，不是人人贊同，更不是人人喜歡。不過作為議員，尤其是上了榜的議員，對當中排名的升降，不會無動於衷。

要成為「十大議員」，首先要為公眾所熟悉。我進入立法會之後，未做主席之前，已經常躋身「十大」，不過一直都是「包榜尾」，未至於長居第十，但總是徘徊於七、八、九之間。

當了主席之後，我的排名逐漸爬升，主要是憑着立法會主席身份享有的優勢。首先，立法會主席以保持中立為由，可以拒絕評論任何有爭議的問題。建制派政黨的議員經常要為政府政策辯護，包括一些備受爭議的政策，這就難免會引起部分市民的反感。我做了立法會主席之後，不參與公共政策辯論，少說了惹爭議的話，挨罵的機會便減少了。

第二，立法會主席不但曝光率會高於其他議員，而且出鏡的形象大多是正面的：人們看立法會會議，現場直播也好，新聞報道也好，總見到主席端坐堂前主持大局，他說的話就是權威，議員和官員都要聽從。

在未做主席之前，我作為地區直選議員，經常要「落區」，到各個社區去和市民接觸。立法會議員要應付「文山會海」，開會議和讀文件佔用了大量時間，不可能天天落區。況且立法會的選區很大，每個屋

邨、公園或者街市，如果沒有特別原因，最多幾個月才會去一次。有些街坊見我少到他們的社區，就覺得我疏懶，不做工作；他們會語帶譏諷地問：「曾議員，你怎麼來了？快選舉了嗎？」

我做了主席之後，到各個社區的時間不可能比以前多；但落區時卻發現，街坊見到我的反應跟以前大不相同。他們會說：「曾主席，你這麼忙，還要來看我們，真有我們的心！」「剛剛在電視看到你主持會議，立即又碰到你落區，你真勤力！」這又是立法會主席享有的不公平的優勢。

不過最重要的，是我在處理與傳媒和公眾的關係時，有立法會秘書處特別是公共資訊部的支援。作為立法會主席，我是立法會的「公眾臉孔」，立法會對公眾的訊息多是由我來發放。要維護立法會的公眾形象，我需要建立良好的傳媒和公眾關係；在這方面，我得到立法會秘書處的全力協助。

所有我的傳媒活動，從主持記者會、與前線記者茶敍、接受媒體專訪，到站在「咪兜」前講話，公共資訊部的團隊都給我專業的支援，包括事前準備、現場安排和事後總結。此外，他們又邀請各大媒體的主要人員分批和我午餐聚會，輕鬆地交流溝通；這些接觸對我改善與傳媒（特別是「非友好」傳媒）的關係，大有幫助。雖然針對我的報紙專欄和網上評論仍有不少，但主流媒體對我手下留情，對我建立正面的社會形象已十分有利。

我在「十人議員」裏的排名在 2011 年上升至第三、第四位，到 2012 年 5 月首次登上榜首。其後受「剪布」影響，我的評分下跌，但依然穩居第二。從 2013 年 4 月開始，每次評分我都名列第一，直至我在 2016 年離開立法會。

我在街上接觸市民得到的感覺，跟民意研究計劃的評分是一致的。

妙想天開

我做立法會主席，以連任兩屆為目標：第一屆在實踐中學習，累積經驗，希望第二屆駕輕就熟，可以充分發揮立法會主席在特區政治體制裏的作用。做完兩屆之後，我已年近七旬，正好退下。

立法會2012年9月進行換屆選舉，我再次在香港島選區參選，爭取連任。民建聯在港島區遇到的難題，是在東區扎根多年的鍾樹根要參選並要贏得議席。鍾樹根做了多屆區議員；以往歷屆立法會選舉，他都排在港島區民建聯的參選名單裏，但每次都排在後面，拉票有他的功勞，贏得的議席卻沒他的份兒。上一屆選舉之後，鍾樹根提出，下一屆選舉他要取得議席，不能再叫他「陪跑」了。他警告說，如果民建聯的名單不把他排在前面，他便退出民建聯自行參選。

按民建聯上屆選舉所得的票數，如果分兩張名單參選，由鍾樹根和我各領一張名單，不是沒有機會各得一議席。但是，以前從沒派人在港島區參選的工聯會，這次也要出一張名單，由上屆在新界西贏得議席的王國興轉過來領軍，這就大大增加了民建聯要贏取兩席的難度。

這一屆選舉實行2010年通過的政改方案，分區直選增至35個議席，港島區的議席增至7個。建制派大約贏得四成選票，按比例應可贏得3個港島區的議席，其中葉劉淑儀穩佔一席；如果工聯會也要佔一席，民建聯便不可能拿到兩席。

民建聯和工聯會都看到，如果互不相讓，很可能兩敗俱傷；結果兩「聯」合共只贏得一個議席。可是雙方各有自己的難處，無法協調，僵持了一段時間。

至提名期接近，泛民陣營參選的布局開始明朗，我重新評估選舉形勢，向兩「聯」提出：建制派很有可能在港島區取得4席。

我這樣分析：建制派4張名單，分別由葉劉淑儀、王國興、鍾樹根和我領頭，葉劉和我應可穩勝。泛民一共派出5張名單，公民黨、民主黨、工黨、人民力量和社民連各出一張，其中公民黨、民主黨和工黨肯定各取一席。最激烈的競爭，是王國興、鍾樹根、人民力量和社民連爭奪餘下的兩個議席。

我指出，我方王、鍾勝出的機會比對方的兩支弱隊要高，因為我方可以通過分區拉票，把建制派的「鐵票」盡量留給弱隊，而對方卻不會這樣做。他們的3支強隊中，公民黨希望贏得兩席；民主黨由副主席單仲偕出馬，要爭取高票當選；工黨無必勝把握，拉票不敢鬆懈。所以他們3隊都會拚命為自己爭取最多選票，結果很可能是3隊各贏得一席，但各自得票遠遠超過一個議席所需的定額，搶去了他們兩支弱隊的選票。

我這樣計算：假設我方和對方得票比率分別是40%和60%。我方的40%選票，葉劉和我各佔12%，王和鍾各佔8%；對方的60%選票，公民黨拿了20%，民主黨16%，工黨14%，餘下只有10%分給人民力量和社民連，各得5%。我方4隊全勝。

這妙想天開的計算，有很多假設，算得的結果未必準確，但也不是完全沒有道理。最重要的是這計算紓緩了兩「聯」之間的矛盾：既然建制派有機會取得4席，便沒有必要阻止王國興和鍾樹根同時參選。

誰當票王

「港島區建制派 4 隊全勝」的目標能否實現,關鍵在於選票的分配。

上一屆(2008年)立法會選舉,港島區有 6 個議席,建制派有兩張名單參選,分別由葉劉淑儀和我領頭。憑建制派拿到的選票,兩張名單合共應該可以贏得 3 席:其中一張名單取兩席,另一張取一席。問題是葉劉和我都以為自己的名單有贏得兩席的實力,各自拚命拉票,結果差不多平分了建制派得到的所有選票;兩張名單得票都超過了一席的需要,卻不夠贏得兩席。同區的何秀蘭得票僅過 3 萬,已贏得一席;建制派合共贏得超過 12 萬票,只取得兩席。

新一屆(2012年)的選舉,如果我和葉劉都要爭取自己的名單多贏一席,只會重蹈上屆覆轍。葉劉的競選策略我當然管不了,只能在民建聯的拉票策略下工夫;但我必須防止我的名單贏得過多選票,影響了鍾樹根和王國興的勝算。

首先我不能讓助選團隊和支持我的選民以為我的名單有機會贏得兩席。防止這想法的最有效辦法,是名單裏只有我一人:無論我拿到多少選票,也不會贏得第二席。

當我提出這建議時,助選團隊十分抗拒:按「正路」思維,名單裏加入各區的「樁腳」,一方面有利於分區拉票,同時讓未來接班人有鍛

煉機會。但我知道，如果我的名單多於一人，助選團隊一定會產生爭取贏兩席的希望，而支持民建聯的選民也會有一部分相信我贏得第二席的機會高於鍾樹根勝出，寧可把票投給我，這不但會引起兩個助選團隊爭奪選票的矛盾，更會導致兩席皆失的最壞結果。我堅持以一人名單參選。

接着就是要杜絕爭做「票王」的念頭。做票王——取得所有候選人中最高的票數——可以滿足個人虛榮心；但在多議席選區、比例代表制的選舉裏，你當了票王，跟你同一陣營的其他候選人便少了選票，可能敗選。在一次選舉論壇的休息時間裏，工黨的何秀蘭走過來對我說：「祝你高票當選，成為票王！」如果她的祝願成真，鍾樹根和王國興便贏不到議席。

競選期間傳媒發表的「滾動民調」，都說我可以穩勝；鍾樹根和王國興則一直排在後面，勝算較低。民建聯的選舉工程，就是要把支持我的「鐵票」轉給鍾樹根。我為鍾樹根助選，比為自己拉票更緊張。每當有人提醒我：「不要大意，你不能輸！」我便回應說：「鍾樹根輸了，就是我輸了。」

蕭若元排在港島區人民力量名單的第二位，要憑他的知名度把排在前面的劉嘉鴻（人民力量主席）送入立法會。也是在一次選舉論壇中，蕭若元當眾對我說：「選舉結果一定是我們（泛民）拿4席，你們（建制）拿3席。鍾樹根贏，王國興就輸；王國興贏，鍾樹根就輸，就這麼簡單。」我笑而不答，心中暗喜：「燈神」說我們不可能4人全勝，我們便有希望了！

選舉結果：泛民陣營公民黨、民主黨和工黨各取一席；公民黨拿了7萬多票，做了票王；民主黨和工黨得票比我估計少，但他們剩下的選票仍不夠讓人民力量和社民連贏得議席。建制陣營葉劉、鍾樹根和我各得三萬多票，王國興2.7萬多票，4人全部當選。

塞翁之失

　　2012年立法會選舉，民建聯和工聯會除了在港島區合共取得歷史性的3席之外，在新界西選區也報捷：民建聯贏了3席，另工聯會1席。在新界西取勝的竅門和港島區一樣：穩勝的譚耀宗把支持民建聯和工聯會的「鐵票」盡量推給3名新人，結果4人都成功當選。

　　在新界東，兩「聯」卻沒有這樣成功。上屆選舉，民建聯在新界東憑一張名單拿到28.38%的選票，贏得兩席，領軍的劉江華做了票王。這一次，劉江華轉戰新設的「超級區議會」（正式名稱是「區議會（第二）」）功能界別，民建聯的陳克勤和葛珮帆分兩張名單出選，前者爭取連任，後者首次參選；另工聯會派出一張名單，領軍的是當了一屆勞工界功能界別立法會議員的葉偉明。

　　結果兩「聯」的3張名單合共取得11.1萬多票。如果分配得當，憑這票數贏取3席綽綽有餘。（贏得當區最後一席的范國威只拿了28621票。）可是，陳克勤和葛珮帆各以4萬多票當選，葉偉明以2.4萬多票落敗。假如陳、葛二人各少拿幾千票，而這些選票流向葉，3人便可齊齊勝出。工聯會的失望和不滿可以想見，但也不能怪責民建聯的助選團隊：陳、葛二人都沒有必勝把握，怎能不盡爭每一票？兩「聯」在港島和新界西的成功策略，在新界東用不上。

　　在「超級區議會」功能界別，兩「聯」也拿不到理想的成績。該界別的選舉跟地區直選一樣採用比例代表制；民建聯的劉江華和李慧

琼、工聯會陳婉嫻、民主黨何俊仁和涂謹申，以及民協馮檢基，6人各領一張名單參選，競逐5個議席，即一人要被淘汰。選舉中途殺出了一個白韻琹，取了幾個百分點的選票，對建制派不利。如果建制與泛民兩個陣營的選票都在各候選人中平均分配，建制派將有一人被淘汰。

但是，建制陣營在選舉前估計，「樁腳」局限於少數地區的民協，缺乏全港性的助選網絡，所以會較吃虧；如果泛民的大部分選票投給民主黨的兩張名單，而建制派的選票在3張名單中分得夠平均，出局的將是民協馮檢基。

所以，建制派拉票的目標，是要令劉江華、李慧琼和陳婉嫻3人盡量分得相同數量的選票。最自然的辦法，是爭取在民建聯的支持者中，香港和九龍的投李慧琼，新界的投劉江華；工聯會的支持者早投陳婉嫻。

這樣的分配要作適當調整。在所有候選人中，李慧琼的資歷最淺，在全港的知名度不及其他候選人，同時，新界的選票比港九多，加上白韻琹取去的選票又屬於港九多於新界，對李慧琼最為不利。因此，新界要有一部分選票投給李慧琼。

選舉工程畢竟並非精準科學。民建聯的調整力度過了頭，結果李慧琼在建制派3人中得票最高，順利當選。劉江華卻在6名候選人中得票最少，意外地被淘汰。同樣意外的是馮檢基得票竟高於陳婉嫻和何俊仁。

塞翁失馬，焉知非福。劉華失席，反得官祿。劉江華過去幾年是行政會議成員，表現深得梁振英和政府官員賞識；他失去立法會議席，立即獲得特區政府邀請，出任政制及內地事務局副局長。

國教爭議

　　第五屆立法會選舉投票前10天，政府總部東翼前地開始被反對「德育及國民教育科」（「國教科」）的團體佔領。到了投票日前兩天的星期五晚上，大批穿着黑衣的市民湧到政府總部參加反國教示威。星期六傍晚6時許，在立法會選舉開始投票前13小時，行政長官梁振英宣布，取消先前決定的推行國教科的時間表。

　　在中小學開設國教科，是上一任行政長官曾蔭權2010年10月發表的《施政報告》裏提出的。2011年5月，課程發展議會轄下的「德育及國民教育專責委員會」發表諮詢文件，就國教科課程和推行細則展開為期4個月的諮詢，同時提出了推行國教科的時間表：所有小學2012年9月開始，1年後所有中學開始。

　　2012年7月，政府換屆。當年9月開始在學校推行國教科的責任，便落在新任教育局局長吳克儉身上。他怎麼也沒想到，推行國教科會掀起一場超級政治風暴，不但他不能應付，加上政務司司長和行政長官，也無法化解。

　　政府在2011年中就國教科進行公眾諮詢時，有教師和家長提出反對意見，有人指國民教育是「洗腦」。社會上出現了幾個反國教團體，包括中學生組織「學民思潮」。新一屆政府上台後不久，由政府資助的「國民教育服務中心」出版的一本參考書《中國模式——國情專題教學手冊》，忽然成為傳媒關注的焦點。書裏一些誇獎中國共產黨以及

抨擊美國民主制度的內容，被認為是政治宣傳；吳克儉局長也公開指為「偏頗」。這本書其實並不是國教科的正規教材，卻被拿來作為國教科「洗腦」的罪證。

行政長官梁振英公開表示，國教科被誤解為「洗腦」科目，是他上任以來最令他頭痛的事。他不斷解釋，政府無意「強推」、無意「洗腦」，政務司司長林鄭月娥也多次陪同吳克儉局長出來「撲火」，但反國教運動仍不斷升溫。當時正值立法會換屆選舉，政府高層擔心，反國教運動持續升級，會對建制派的選情不利。

國教科應否取消，成為立法會選舉論壇的焦點議題。泛民候選人高叫「反洗腦」的口號，要求政府撤回推行國教科的計劃。民建聯堅持撐國教；自由黨則加入反國教行列，並以此標榜敢於向政府說「不」。那段期間，我在街上，很多市民跟我談國民教育。他們並不是一面倒反國教：認為國教就是洗腦的人固然有，但並不多；更多人認為學校推行國民教育天經地義，應該支持。支持國教的人當中，有不少是中產專業人士。我相信撐國教不會令建制派失去選票，但建制陣營和政府裏很多人的看法沒有我那樣樂觀。

8月30日，學民思潮發起升級行動，佔領政府總部東翼前地，其他多個反國教團體加入。

9月7日，佔領團體發起穿黑衣反國教行動，晚上大批黑衣人湧到政府總部，大會宣布有12萬人參與。

9月8日傍晚，梁振英突然舉行記者會，宣布撤銷先前決定的推行國教科的「3年開展期」，學校可自行決定是否開設國教科。

9月9日，立法會選舉投票。分區直選的投票率創歷史新高；建制派贏得的議席也創歷史新高。

先左後右

香港要重視對青少年的國民教育，是國家領導人提出的。

2007年，香港慶祝回歸祖國10周年。時任國家主席胡錦濤來香港出席慶祝活動並主持特區第三屆政府就職典禮。在特區政府的歡迎晚宴上，胡錦濤發表講話，特別強調「要重視對青少年進行國民教育，加強香港和內地青少年的交流」。

時任行政長官曾蔭權在當年10月發表的《施政報告》中用了5個段落談國民教育，引述了胡錦濤的講話，並表示「特區政府會不遺餘力推行國民教育」，「會繼續透過現行中小學課程及新高中課程架構，加強與國民教育有關的學習元素，進一步提高學生對國家的認識以及對國民身份的認同」。

其後連續4年的《施政報告》，都有國民教育專段。當2010年的報告提出要設立「德育及國民教育科」時，我說：這是錯誤的決定。

香港回歸前，我在一間標榜「愛國教育」的學校工作了二十多年。回歸後，我經常應邀到不同的中小學和青少年團體作國民教育講座。在青少年學生中進行國民教育，我同意很有必要。我支持政府投放資源，辦好國民教育中心和青少年到內地的交流活動。但是，我不贊成要所有中小學開設一門獨立的、必修的國民教育科。

如果把國民教育列入學校的正規課程，便要安排課時、編製教材、進行評核，當中涉及許多矛盾，必然引起很大爭議。按國民教育的目標和內容，很難對教學效果作出準確的評核。佔用了課時而沒有明確的教學效果，必然帶來很多教學問題。要所有中小學開設獨立的國教科，除了可向中央政府表示香港「重視國民教育」之外，我認為弊多於利。

不過，我看到特區政府開設國教科的決心，特別看到我一向敬重的李焯芬教授接受了德育及國民教育專責委員會主席的任命，認真研究課程和推行方法，我便不反對了。我當然不同意「國民教育就是洗腦」的說法；《中國模式——國情專題教學手冊》的出版，是不幸的錯誤，不能因而否定國民教育。我也看到，教育界當中支持國教設科的人也是不少的；既然政府為籌備開設這科目做了大量工夫，又準備投入更多資源，教育界就應該用積極的態度，盡力教好這個新科目。

可是，在反國教運動的壓力下，新上台的特區政府在立法會選舉前夕宣布取消開設國教科的時間表。這仍未能讓反國教的示威者滿意：他們要政府正式宣布「撤回」國教科。政府再三解釋為什麼不能說「撤回」，最終宣布決定「擱置」國教科課程綱要。

政府的決定，不但等於宣告國教科「壽終正寢」，而且讓反國教運動成功把國民教育妖魔化。「國民教育」變成一個負面的標籤：任何活動被指為「國民教育」或者「變相國民教育」，就是洗腦，就是犯罪，在校園內無立足之地。

出版《國情專題教學手冊》的國民教育服務中心立即遭教育局割席：停止對中心的資助，收回中心用作會址的空置校舍，裏面的家具全部砸爛送往堆填區；中心被迫關閉。

這是給提出要重視國民教育的國家領導人重重摑了一記耳光。

成功連任

第五屆立法會舉行第一次會議，議員首先進行就職宣誓，然後選舉主席。

我競選連任立法會主席，另一位候選人是公民黨梁家傑。本屆建制派議員在70席中佔了43席，我穩操勝券。不過我知道有部分建制派議員對我在上一屆的表現並不滿意；他們不會投票支持泛民候選人，但我估計他們會投棄權票，表示對我警告。然而出乎我意料，我取得建制派全部43票。

我當選主席後要做的第一項裁決，是裁定黃毓民先前的宣誓是否有效。

主席選舉前的宣誓儀式由新接任的立法會秘書長陳維安主持。多名議員宣誓時「加料」、「做騷」，其中黃毓民讀到誓言裏的「共和國」及「特別行政區」字樣時，以咳嗽聲取代。

議員借宣誓作政治表演，並非始於本屆。2004年，第三屆立法會就職前幾天，第一次當選成為議員的梁國雄向秘書處提出，他宣誓時要用自己創作的誓言，把法定誓言裏的「効忠中華人民共和國香港特別行政區」，改為「効忠中國人民和香港市民，爭取民主、公義，捍衛人權、自由」。秘書處回覆他說，如果他不依照法律規定宣誓，立法會秘書無權為他監誓。秘書處提醒他，根據《宣誓及聲明條例》，他如果

「拒絕或忽略」作出宣誓，會被取消議員資格。

梁國雄就秘書處的回覆向法院尋求司法覆核。他向法院提出兩項要求：一、命令立法會秘書為他監誓；二、宣布他自擬的誓言符合《基本法》。兩項要求法院都拒絕了。法官的判詞指出：《基本法》第一百零四條規定，立法會議員就職時須「依法宣誓」，就是要依照《宣誓及聲明條例》指定的方式宣誓，包括讀出條例列明的「立法會誓言」。

到宣誓時，梁國雄身穿印有政治標語的黑衣，在宣誓前後多次高喊口號；他把法律規定的誓言一字不改地讀了一遍，卻故意用停頓把「中華人民」與「共和國」隔開。他的表現引起很多建制派議員反感，但負責監誓的秘書長確認他的宣誓有效。

政府發言人評論梁國雄宣誓時表示，梁國雄已依照法例規定完成宣誓；至於他在宣誓前後的言行，應由立法會自行考慮如何處理。立法會秘書處發表聲明說，梁國雄已按照條例規定進行了宣誓。對於他在宣誓以外，在會議廳裏的言行，秘書處不作評論。

沒有人正式挑戰梁國雄宣誓的有效性；時任立法會主席范徐麗泰看不到有需要就有關問題作出裁決。這先例樹立了這樣一條標準：誓言的文字不容改動；但只要宣誓人把法定的誓言完整地讀一遍，就算是完成了宣誓，不管他有什麼其他說話和動作，也不管他是什麼態度和語氣。

2008年10月就任的第四屆立法會，有更多泛民議員在宣誓時「加料」，在讀出誓言前後高叫口號。梁國雄再次以割斷的方式讀出「中華人民共和國」；黃毓民則用普通話宣讀誓言。和上一屆一樣，很多人批評部分議員宣誓態度不認真，但同樣沒有人正式提出這些議員的宣誓無效。立法會秘書處同樣發表聲明說，雖然有議員在誓言前後加上其他字句，但只要議員完整讀出誓言，宣誓便告有效。

宣誓風波

到了第五屆立法會，議員宣誓「做騷」變本加厲。

梁國雄宣誓時，在台前展示政治標語，並高喊口號。跟前兩次一樣，他以割斷的方式讀出「中華人民共和國」。陳偉業捧着孫中山先生的遺像（當天是10月10日），高聲念：「世界潮流，浩浩蕩蕩，順之則昌，⋯⋯（他忘記了最後一句，經黃毓民提醒，續念）逆之則亡！」陳志全也引用孫中山的話，高叫「革命尚未成功，同志仍須努力」（他向傳媒解釋，「同志」是雙關語）。范國威在誓言後面加上：「制定港人優先政策，捍衞香港核心價值。」工黨4名議員穿上學民思潮先前在國慶示威時穿的黑色「I love HK」T恤；工黨主席李卓人和街工的梁耀忠宣誓時戴着「打倒生果金資產審查」的拳套。

以上這些議員，全部把誓言讀完，一字不漏。按前兩屆接受了的準則，他們的宣誓有效。

黃毓民跟其他「做騷」的議員不同：他既「加料」，在誓言以外高喊口號；又「減料」，用咳嗽刪去了誓言裏的部分文字，這就不符合「依法宣誓」的要求。我聽取了立法會法律顧問的意見後，裁定黃毓民未有依法完成宣誓。法律顧問（以及其他法律界人士）的意見認為，黃毓民並不會因此喪失議員資格；只要他稍後依法完成宣誓，便可履行議員職務。

我批准黃毓民在接着一次會議上再次宣誓。他仍要大喊口號，而且不肯正當地宣讀誓言：讀到「中華人民共和國」時，他大聲讀出「中華」、「民」、「國」等字，其他幾個字則放輕聲調。

黃毓民宣誓完畢，謝偉俊議員起來發言。他指出，黃的「所謂『宣誓』，完全不是有誠意的宣誓，令這個議會的尊嚴受到極大損害。」他問：「黃議員剛才的宣誓究竟是否真誠作出的？其內容是否符合法律？」他要求我裁定黃毓民的宣誓是否有效。我回應說：「根據《基本法》、香港法律、《議事規則》，以及本會過去的先例，我裁定黃議員剛才已依法完成宣誓。」

我的裁決，反映了當時我和立法會秘書處、政府當局和法律界人士對有關法律的理解。

4年後，第六屆立法會就職宣誓，多名議員照樣做政治表演。立法會主席梁君彥裁定其中兩人宣誓無效，容許他們重新宣誓。但時任行政長官梁振英和律政司司長袁國強向法庭提出申請，要求法庭推翻主席的裁決，以及宣布多名議員的宣誓無效，取消他們的議員資格。案件審理期間，人大常委會對《基本法》第一百零四條作了解釋，其中包括：「宣誓人故意宣讀與法定誓言不一致的誓言或者以任何不真誠、不莊重的方式宣誓，也屬於拒絕宣誓，所作宣誓無效，宣誓人即喪失就任……相應公職的資格。」

高等法院的判詞說：宣誓人必須準確地完全按照法定的立法會誓言的形式及內容宣誓，必須莊重及真誠地作出誓言。……若宣誓人在宣誓時故意採取某些態度、行為或言詞，從客觀看來並不符合宣誓的法律規定，該宣誓人在法律上將被視為拒絕或忽略宣誓，按《宣誓及聲明條例》被取消就任資格。根據這些原則，法庭裁定，6名宣誓時「做騷」的議員，被取消資格。謝偉俊當年向我提出的問題，今天會有完全不同的答案。

第二章　風雲初起

打破慣例

第四屆政府和第五屆立法會相繼在 2012 年 7 月和 10 月就任。行政長官梁振英決定打破慣例，不在立法會會期開始時發表《施政報告》。

在港英年代，總督循例每年 10 月，在立法局會期開始時發表《施政報告》。回歸後的頭幾年，行政長官董建華跟從港英政府的慣例，在每年 10 月立法會會期開始的第一次會議上宣讀《施政報告》（如果是新一屆立法會，則在第二次會議；第一次會議用作就職宣誓和選舉主席）。《財政預算案》也和回歸前一樣，每年 3 月（2006 年開始提早至 2 月下旬）由財政司司長宣布。

《施政報告》和預算案發表的時間相隔 5 個月，這做法在世界各地並不普遍。董建華政府裏有人認為，預算案應該為落實《施政報告》的政策措施提供所需資源，《施政報告》和預算案發表的時間應該盡量靠近。政府最初考慮把發表預算案的時間提早至每年 11 月，把財政年度改為曆年，即每年 1 月 1 日開始。但香港的企業都是以曆年為財政年度的；企業未結算全年業績之前，政府無法評估稅收。如果政府的財政年度要提前開始，企業的財政年度也要調整。這變動太大，難以推行；於是政府考慮把發表《施政報告》的時間向後推。

10 月是立法會新會期開始的月份，《施政報告》在 10 月發表，可讓立法會知道在整個會期裏政府有什麼施政重點，有什麼條例草案和

財務建議要審議通過。從立法會的角度來看，這是最合理的安排。不過，什麼時候發表《施政報告》，由行政長官決定；《基本法》和香港法律沒有任何限制。

2002年6月，在政府換屆前夕，特區政府宣布當年的《施政報告》將延至2003年1月發表，以便3月公布的《財政預算案》更好地配合行政長官的施政。這宣布引起了一些議論，認為後果是削弱財政司司長的自主權和預算案的重要性，但社會上和立法會裏對改動並沒有太大阻力。接着數年，董建華都在1月發表《施政報告》，直至2005年他辭任行政長官。

曾蔭權接任行政長官後，立即恢復了10月發表《施政報告》的舊例。這可能是因為他對舊例比較習慣，但也有傳聞説他是聽從了立法會主席范徐麗泰的意見。

梁振英出任行政長官不久，便有消息説，他有意採取董建華第二屆政府的做法，1月才發表《施政報告》。當時我想：新政府上台後，施政並不暢順；梁振英自己和管治班子裏的幾個人都受醜聞困擾，「國教科」又弄得滿城風雨，反對派天天叫「梁振英下台」，新政府連短暫的「蜜月期」也沒有。如果在10月新一屆立法會任期開始時不發表《施政報告》，不管有多麼好的理由，一定成為反對派攻擊政府的另一個借口，何苦來哉？

誰知梁振英果然決定把發表《施政報告》的日期改到翌年1月，並在當年8月，新一屆立法會仍未產生的時候，宣布了這個決定。政府發言人解釋，新安排是為了預留充足的時間，就《施政報告》的內容諮詢新一屆的立法會議員。發言人強調，行政長官已承諾，改善民生的措施，成熟一項推出一項，不用等《施政報告》發表。

領導講話

　　梁振英打破了在立法會會期開始時發表《施政報告》的慣例後，再打破另一條慣例：他要到立法會發表講話，議員只能聽，不能問。

　　我當選第五屆立法會主席後，收到行政署長蔡潔如的通知，說行政長官將根據《議事規則》第8(a)條，出席本屆立法會第二次會議，在會議開始時向全體議員致詞，闡述他的管治理念、施政方向和明年的工作重點。他不會回答議員提問；議員有問題，可留待兩星期後的行政長官答問會上提出。

　　內務委員會討論梁振英到立法會發言的安排，很多議員都對不設提問表示不滿。他們要求內會主席梁君彥發信給梁振英，建議他發言後回答議員質詢。

　　內地的會議文化，領導人講話是會議最重要的環節。領導人發表講話的時候，所有人都要專心聆聽，認真記錄；在會後可以發表學習領導人講話的心得，但在會上不可提問，也不可發言，除非領導人點名叫你發表意見。

　　香港沒有這種會議文化。官員如果要在立法會發表講話，可根據《議事規則》第28條「發表聲明」；該條文規定，立法會主席可准許議員「向發表聲明的官員提出簡短扼要的問題」。如果官員的聲明有任何受爭議的內容，議員們必踴躍提問，並借題發揮，慷慨陳詞，經常要由

主席制止。

　　第28條只適用於「獲委派官員」，不包括行政長官。對於行政長官出席立法會會議，《議事規則》裏的適用條文是第8條：行政長官可以出席立法會會議，(a) 向立法會發言，(b) 就政府的工作答覆議員質詢，以及 (c) 提出任何政策、措施、法案、決議案、議案或議題，由議員辯論。以往，行政長官每年除了到立法會宣讀《施政報告》外，還會出席幾次立法會會議，根據8(a) 和8(b)，向議員發言和答覆質詢。

　　梁振英顯然認為內地的會議文化比香港文明、有效、可取；他要向剛就任的立法會發表重要講話，闡明他的管治理念和施政方向。議員應該認真聆聽、深入領會。他清楚表明，他是根據第8(a) 條出席會議，即只發言，不答問。

　　很多立法會議員，特別是泛民議員，卻不能接受這一套。在會議上，行政長官梁振英進入了會議廳，開始發言之前，多名泛民議員對不容許提問提出反對；我多次強調我必須按《議事規則》主持會議，他們仍不服氣。人民力量3名議員離場抗議，梁國雄不停高叫口號被我逐出會議廳。一番擾攘之後，梁振英才開始發言。

　　他的演詞長7600多字，說了差不多一個鐘頭。他從國際形勢、全球經濟談到香港與內地的關係和對外事務，再說到香港社會內部矛盾：貧窮、房屋、安老問題。他闡明他對經濟發展與成果分配的關係、政府與市場的關係、發展與保育的關係的看法。他也談到行政與立法關係，強調特區政府一定會尊重立法會的地位、職能和憲制權力；他非常重視政府與立法會之間的良性互動。

　　這篇領導人講話，肯定花了不少心血認真準備。可惜言者諄諄，聽者藐藐，尤其是泛民議員，一味埋怨會議沒有安排答問環節，完全沒有把領導人講話的精神聽進去。

反對審查

　　第五屆立法會一開始，財務委員會便成為拉布主戰場，拉布針對的是梁振英政府提出的「長者生活津貼」。

　　怎樣為不斷增加的老年人提供生活保障，是香港社會長期關注、爭論不休的問題，也是 2012 年行政長官選舉的一項重要議題。梁振英在準備參選行政長官期間發表的文章和演說，都有明顯的左翼傾向。有一個北歐國家的駐港總領事曾經對我說，他聽過 CY（梁振英）的演說，十分認同他的主張。「『長毛』的『社會民主連線』不是真正的社會民主派（social democrat）」，他說：「香港的真正社會民主派是 CY。」

　　梁振英曾經公開表示支持設立全民退休保障計劃（「全民退保」）。聽說他和競選對手唐英年都考慮過把全民退保寫入競選政綱裏，但兩人最終都沒有這樣做，因為兩人都估計，決定行政長官人選的 1200 個選舉委員，大多數不支持增加政府的福利負擔。

　　雖然沒有全民退保，但兩人的政綱都提出了改善長者生活的辦法：唐英年承諾為合資格的長者發放每月 3000 元長者退休津貼；梁振英則提出：「在現行高齡津貼計劃（即生果金，當時的金額是每月 1090 元）的基礎上，增設一項『特惠生果金』，為有需要的長者，經簡單的入息及資產申報後，每月提供約雙倍（2200 元）的津貼。」

梁振英就任行政長官後第一次出席的立法會會議，是第四屆立法會的最後一次行政長官答問大會（2012年7月16日）。他在該次答問大會上宣布，政府將設立「長者生活津貼」，給65歲或以上需要經濟支援的長者，每月發放2200元。領取這項津貼的長者，須符合領取生果金的資格，須申報個人入息及資產。

　　梁振英和負責推行長者生活津貼計劃的勞工及福利局局長張建宗，都小心地避免說「資產審查」，只說「申報」；他們大概記得4年前曾蔭權提出申領生果金要資產審查，遭立法會多個黨派強烈反對，結果要撤銷審查的計劃。可是，在要領取津貼的長者看來，「申報」和「審查」沒有分別，反正是收入和資產不能超過規定的上限才符合領取資格。按政府的理念，發放這津貼是一項「扶貧」政策；為長者們說話的人卻認為，津貼的性質應是「敬老」而不是「救濟」。

　　長者生活津貼自然成為立法會換屆選舉的一個重大民生議題。在競選期間，我到公共屋邨拉票，聽得最多的要求是「叫政府取消（長者生活津貼的）資產審查」；這也成為許多候選人——包括所有民建聯和工聯會候選人——的選舉承諾。

　　新一屆立法會就任後，議員便要兌現選舉承諾，要求政府取消長者生活津貼的資產審查，或者起碼提高資產上限。但梁振英向立法會說得很清楚、決絕。他說，「（長者生活津貼）並非『派糖』方案，亦非一次性，而是持續性的扶貧措施。因此，對象是有需要的長者。」他改變了先前對全民退保的肯定態度，特別指出：「長者生活津貼並非全民退休保障計劃的起點。事實上，社會就應否推行全民退休保障計劃仍然未有共識。」

　　他強調政府堅持「三不」：不取消申領人資產及入息申報的要求，不修改資產及入息上限，不撤回方案。

財會拉布

　　政府要在下一個財政年度開始之前推出長者生活津貼計劃，所以要向立法會財務委員會申請追加撥款。根據《公共財政條例》和《財務委員會會議程序》的規定，政府向財委會提出的撥款建議，議員可以支持或反對，但不得修訂。這就是說，財委會可以批准撥款，讓政府提出的有資產審查的長者生活津貼計劃可以推行；財委會也可以否決撥款，那麼長者便不能受惠於新計劃。但議員不能修改政府的方案，取消資產審查或者提高上限，也不能指定方案在什麼日期開始實施。

　　梁振英表明，政府的方案不會修改、不會撤回，「立法會哪天通過政府的提案，新的長者生活津貼便由該月首天起計」。這是用長者的利益向立法會施壓：立法會延遲批准撥款，等於延遲長者受惠的日期。

　　按一般慣例，政府要為推行一項計劃申請撥款，須先將計劃交到有關的事務委員會討論，即所謂「過冷河」，取得議員對政策的支持，然後才向財委會提交撥款建議。新一屆立法會的福利事務委員會剛成立並選出主席，便立即收到政府的要求，促討論長者生活津貼計劃，爭取財委會10月下旬通過撥款。

　　福利事務委員會認為，長者生活津貼方案未經諮詢，委員會也未有充分時間討論，不同意撥款申請馬上交財委會審議。10月26日的財委會會議，長者生活津貼的撥款已列入議程，但會議通過了福利事務委員會主席陳婉嫻代表事務委員會提出的動議，中止審議撥款申

請，待事務委員會就方案諮詢公眾並與政府進一步商議。陳婉嫻聲明，事務委員會向政府要求，不論撥款何時通過，方案生效日期應追溯至2012年10月1日。

政府對財委會中止撥款審議表示失望，並重申長者生活津貼的生效日期只能是財委會批准撥款當月的首天。政務司司長林鄭月娥親自出馬，要求財委會主席張宇人10月30日黃昏至晚上再召開會議，恢復審議撥款申請。30日上午，一直對資產審查持保留態度而未有表示支持撥款的民建聯召開記者會，公布最新民調結果：多數市民認為立法會應通過政府的方案，所以民建聯宣布支持撥款，讓長者早日受惠。有了民建聯的支持，加上原先對政府方案不滿的工聯會態度亦有軟化，撥款似乎很有機會在當晚獲得通過。

可是，財委會開了4個鐘頭會議，至晚上11時休會，仍未能對撥款建議進行表決。其後每星期的財委會會議，繼續審議同一項撥款建議，到11月底，一共開了20多個小時會議，依然未能表決。審議這項撥款佔用了財委會全部會議時間，其他多項等待財委會審批的撥款申請便積壓下來，不能處理。

為什麼審議一項撥款花了這麼多時間仍未能表決？一個原因固然是議員不滿意政府的方案，提了很多問題；但更花時間的是梁國雄和張超雄兩個議員合共提出了超過500項「37A議案」。這些議案不會影響撥款建議的內容，但會議時間大部分消耗在處理這些議案上。

提出「37A議案」，是在財委會拉布的主要手段。

剪布議案

　　2007年11月，財務委員會通過了對《財務委員會會議程序》的一項修訂，在原來的第37和第38段之間，加入第37A段：「在審議某議程項目期間，委員可在有關該議程項目的待決議題付諸表決前，毋須經預告而動議一項議案，就該議程項目表達意見；惟該議案須獲主席認為與該議程項目直接相關，並獲過半數委員同意應立即予以處理……」

　　當中提及的「議程項目」，指政府向財委會提出的撥款申請；撥款的用途，可以是推行某項政策、開設政府職位或者進行某項工程。這類議程項目，法律規定議員不能修訂。議員如果不同意撥款支持的政策，可以投票反對撥款；如果議員認為有關政策應該推行，但需要改善，他不能修改政府的方案，只能要求政府自行修改；假如政府拒絕修改，議員不滿意也被迫批准撥款，否則一拍兩散，什麼都沒有。在討論該項目時，議員可以提出意見，但政府充耳不聞，議員也沒法。新增的第37A段，就是要讓議員的意見，通過辯論和表決，成為委員會的意見，向政府施壓。

　　財委會的議事程序加入這項新規定，目的是加強議員對政府施政的監督；沒想到這竟為議員拉布提供了最便利的工具。

　　動議議案一般是需要預告的。一項未經預告的「37A議案」，要通過兩道關卡才可獲得處理：一是主席要認為它與正在討論的議程項

目有直接關係，二是過半數在席議員同意立即就該議案進行辯論及表決。這兩道關卡顯然是合理而必要的。

要知道是否有過半數議員同意處理議案，便要就「是否處理」進行表決。議員對任何表決都可以要求記名表決，表決前要響表決鐘，至少要響一分鐘。即使多數議員不贊成處理，議案被馬上丟棄，從提出、表決，到主席宣布結果，總得用上兩分鐘。一項「37A議案」花去兩分鐘，一百項就要花掉三個多小時，一千項就是三十多小時。第四屆立法會處理政府總部架構重組的撥款申請時，泛民議員一共提出了982項「37A議案」；至該屆任期結束，財委會只處理了200多項，撥款申請不能表決。

第五屆立法會一開始，民建聯議員葉國謙便在財委會提出「剪布議案」，修訂第37A段，限制每名議員只可提出最多一項無經預告的議案。

泛民議員認為剪布議案剝奪了議員表達意見的權利，堅決反對。由於建制派佔了多數，泛民要阻止葉國謙議案通過，就要拉布。對議員議案拉布，毋須動用37A，可直接對議案提出修正案。泛民議員首先對修改議事程序的「通知規定」提出了1244項修正案；到處理葉國謙議案時，他們一共提出超過190萬項修正案！不要說辯論，單是表決，如果一分半鐘表決一項，24小時不停開會，也要五年半才完成所有表決。

剪布議案最終沒有在第五屆立法會獲得通過；至2018年，才由第六屆立法會的財委會修改了37A。

對剪布議案的拉布，並不影響財委會對政府撥款申請的審議，因為政府議案是優先處理的。拖延長者生活津貼撥款的，是數以百計的「37A議案」。

有意疏忽

　　立法會多個黨派都要求取消長者生活津貼的資產審查（或申報），但政府態度強硬，堅持方案不會改變。政府的立場得到不少公眾輿論的支持；有學者更發表推算數字，說明如果不設資產審查，政府便要大幅加稅。至於長者當中，反對資產審查的固然不少，但也有很多合資格長者要求盡快通過方案，讓他們早日受惠。

　　財委會審議長者生活津貼撥款的頭幾次會議，泛民議員不斷提出問題，阻撓議案付諸表決，試圖用拉布迫使政府取消資產審查。但財委會會議一次又一次沒有結果，政府完全無意讓步，大部分泛民議員知道拖下去沒有好處，紛紛同意應該表決了事；只有一個「長毛」梁國雄不肯收手，聲稱要拉布至政府撤銷資產審查。他拉布的手法，就是不斷提出「37A議案」。

　　政府堅持長者生活津貼的生效日期為批准撥款當月的首天。原來計劃的生效日期是2012年10月1日，但撥款不能在10月底獲得通過，生效日期便要往後推。到11月快要完結，眼見計劃又要再推遲一個月，政務司司長林鄭月娥打電話給長毛，請求他「高抬貴手」，停止拉布。長毛轉頭便公開了林鄭和他通話的內容：「林鄭說政府不能讓步，否則很難管治下去。」長毛告訴林鄭，政府毋須向他讓步，只要接納民建聯的要求，提高資產上限，他便停止拉布。林鄭沒有答允。

　　對於財委會主席張宇人容許長毛拉布，建制派以至部分泛民議員

十分不滿；張宇人無奈地解釋，他無權「剪布」。事實上，財委會主席不能拒絕議員提出「37A議案」，除非主席認為議案跟正在討論的議程項目無直接關係，而拉布議員要跨過這門檻其實十分容易。

於是，財委會全部會議時間便用來表決一項接一項的「37A議案」。政府不讓步，長毛不收手；數十名議員每星期花幾小時做百多次按掣表決的無聊動作。11月就這樣過去了。

12月初，政府估計長者生活津貼已不可能在下一個財政年度開始前推行，於是對撥款申請作「技術性修改」。

政府的撥款申請本來分兩個部分，第一部分25億元，用來發放津貼；第二部分0.23億元，用來聘請人手處理有關工作。既然津貼要到下一個財政年度才能發放，第一部分的開支便應列入下年度的預算，毋須當下申請；所以政府把第一部分剔除，只申請第二部分作為準備工作的開支。

張宇人主席把修改了的申請看作新項目，邀請議員提問。議員似乎未弄清楚是什麼回事，沒幾個人有反應，於是主席宣布議案付諸表決。這時長毛如夢初醒，指他已提出的300多項「37A議案」尚未處理。主席說，那是對先前的議程項目提出的；由於政府已撤回該項目，該批「37A議案」毋須處理。長毛要對新項目提出另一批「37A議案」；主席說，表決鐘已響起，不能再提議案。

會議於是進行表決，政府議案順利通過。政府宣布，財委會已經批准了長者生活津貼計劃，計劃從2012年12月1日開始生效。

泛民一時疏忽，讓政府偷襲成功。但也有人認為，政府無意偷襲，泛民有意疏忽。

僭建風波

　　歷史充滿諷刺。唐英年輸了選舉，把行政長官的職位送給了梁振英，因為他的大宅僭建被揭發；梁振英贏了選舉當上行政長官，被動挨打，也是因為他的大宅僭建被揭發。

　　在行政長官選舉論壇上，梁振英義正詞嚴地指斥唐英年隱瞞僭建，「是說謊，是誠信問題」；誰知梁當選後，還未上任，便被傳媒發現他自己在山頂的大宅也有多處僭建，而且他也同樣有隱瞞之嫌。行政長官選舉的另一名候選人何俊仁立即向高等法院申請司法覆核和提出選舉呈請，指梁振英在選舉中有失實陳述，要求推翻選舉結果。法庭沒有把選舉結果推翻，但事件已令梁的誠信嚴重受損。

　　他上任半個月後，出席第四屆立法會答問會，主動談及自己的僭建問題，承認自己有「嚴重疏忽」，但重申「沒有隱瞞」。他指出由於案件已進入司法程序，他暫不宜作公開評論，但承諾官司過後會向社會全面交代。

　　多名泛民議員都針對他的僭建提出尖銳問題，質疑他的誠信，指摘他拖延、卸責、講大話，批評他嚴人寬己，又指控他向揭發事件的傳媒施壓。梁振英沉住氣，耐心解釋，多番道歉，但泛民對他的態度並未因而稍有軟化。

　　立法會換屆後，梁振英出席新一屆立法會會議，起初每次都強調

他十分重視行政立法關係，呼籲立法會與政府通力合作，共同推動施政，落實各項利民的政策措施。

但泛民議員對他的合作呼籲置若罔聞，只是繼續咬住他的僭建醜聞不放，不停地叫他下台。11月中，何俊仁就選舉呈請向終審法院提出的上訴申請被駁回，和行政長官選舉有關的官司全部結束。梁振英兌現承諾，立即發出長14頁的書面聲明以及41頁的補充文件，詳細交代他住宅裏多處僭建物出現的因由和處理的辦法。他又出席立法會特別答問會，專門解答議員就僭建提出的問題。

多數建制派議員表示接受梁振英「嚴重疏忽，沒有隱瞞」的說法，認為他不涉及誠信問題。一眾「梁粉」紛紛發表評論，指唐梁二人僭建問題性質不同：唐是刻意瞞騙，梁是無心之失；又呼籲立法會和市民大眾支持政府推動改善民生的政策，不應在僭建問題上糾纏不休。

然而，不管梁振英的支持者怎樣為他說項，僭建醜聞已成為壓在他肯上甩不掉的包袱；「大話精」和「語言偽術」已成為貼在他身上撕不去的標籤。他在競選期間，「拿着一張凳、一本簿、一支筆，走入群眾」的形象，贏得傳媒和公眾不少好感；現在他每次再試圖「走入群眾」，都引起抗議、怒罵、叫他下台的混亂場面。

立法會裏的泛民議員要用盡一切可用的工具去打擊梁振英。在短短一個月內，先有民主黨的胡志偉動議對梁振英的不信任議案；接着有工黨的李卓人提出用《立法會（權力及特權）條例》成立專責委員會調查梁振英的僭建問題；然後梁國雄又根據《基本法》第七十三條（九）提出彈劾行政長官的動議。

3項議案都被議會裏佔了多數的建制派否決了；但經這幾番折騰，兩個陣營關係更加對立，特區政府施政更加困難。

敵我矛盾

　　梁振英不是沒有嘗試和泛民議員溝通對話，改善關係。早在立法會選舉後一個星期，他便在政府總部設歡迎午宴，邀請全體候任立法會議員出席。當時有關國民教育的爭議仍未平息，民主黨、公民黨和人民力量的候任議員收到午宴邀請後，都高調聲稱要杯葛，抗議政府不撤回國民教育科。結果泛民議員中只有馮檢基、李國麟和莫乃光3人出席（建制派議員大多數都出席了；我收到邀請時正在外遊，未及返港赴會）。

　　梁振英並沒有因此放棄爭取與泛民溝通合作。在9月底一次電台訪問裏，他表示仍希望在不同場合多聽泛民的意見，甚至邀請他們加入政府的諮詢委員會。他還特別提到，民主黨過去也請過他吃飯，他期望能與民主黨再在飯桌上談公事。

　　可是，新一屆立法會會期開始後，泛民議員對梁振英一直充滿敵意；對他家裏的僭建問題窮追猛打，並且不斷公開叫他下台。他們在議會裏針對梁振英的動作——不信任動議、調查、彈劾，陸續出台。在這樣的關係下，如果梁振英再邀請泛民議員聚會，只會自討沒趣。所以，立法會任期開始後3個月裏，梁振英沒有和泛民議員接觸，雖然在同一期間他和建制派議員有飯局和其他聚會。

　　到了2013年1月中，梁振英在發表他的第一份《施政報告》前後，分別邀約立法會各黨派議員到禮賓府共進早餐；除了建制派議

員，泛民議員他也邀請。這次，民主黨、公民黨、工黨和數名無黨派泛民議員都決定應邀赴會。

但當一系列「破冰」早餐會正在落實之際，忽然爆出一宗對梁振英改善與泛民關係十分不利的新聞：全國政協委員劉夢熊向傳媒透露，梁振英說建制和泛民的關係是「敵我矛盾」。

劉夢熊曾經是「頭號梁粉」，在行政長官選舉中為CY出了很多力。CY當上了行政長官、組成了他的管治班子之後，劉夢熊卻指他「過橋抽板」，和他反了臉。2013年1月，劉夢熊在一家周刊的專訪中聲稱，上年5月，在一個他有出席的私人宴會中，梁振英說：「建制派唐、梁之爭，是人民內部矛盾；但是我們（建制派）跟泛民主派是敵我矛盾」。

梁振英公開否認了他說過「敵我矛盾」那些話。在一個電視訪談節目裏，他重申他十分重視行政立法關係，十分重視同所有黨派的關係。他說，「如果民主派的朋友有這個印象，以為我不會請他們吃飯，我希望以後我邀請他們的時候，他們會踴躍參加。」林鄭月娥司長和譚志源局長也出來同聲強調，政府與泛民是合作夥伴，沒有「敵我矛盾」。

梁振英和政府官員的公開否認，是自然而必要的：不管他們心裏怎麼想，嘴裏一定不能說泛民是敵人。泛民議員卻大都深信「敵我矛盾」是梁振英的思維；他們表示對此「並不驚訝」，同時指梁「與民為敵」，予以譴責。黃毓民說的倒有意思：「敵我矛盾」是「客觀描述」。

民主黨議員出席禮賓府早餐會時，直接問梁振英有否說過「敵我矛盾」，梁笑而不答。有公民黨議員出席早餐會後對我說，聚會是「不歡而散」；雙方見面只有45分鐘，其中大部分時間「話不投機」。

第三章 矛盾升溫

外傭官司

　　立法會2013年1月辯論一項「捍衛法治和司法獨立」的議員議案，措詞如下：「本會促請政府維護『一國兩制』，捍衛香港的法治精神、法律制度和司法獨立。」表決結果：在席的25名泛民議員全部贊成；建制派議員（除我不投票外）5人贊成，22人棄權，沒有人反對。由於功能團體議員未有過半數贊成，議案在無人反對下被否決。

　　議案由公民黨議員郭榮鏗提出，目的並不只是為了一般地維護「一國兩制」、法治精神和司法獨立，而是有明確的針對性。郭榮鏗發言時指稱，律政司司長建議終審法院就外傭居港權案提請人大釋法，是破壞香港的法治和司法獨立。在辯論中，泛民議員群起反對釋法，建制派議員則一致為釋法辯護。到表決時，建制派不願投贊成票，支持暗指釋法破壞司法獨立的議案；但如果投反對票，就等於反對捍衛法治和司法獨立，這當然不是他們要向社會表達的訊息。於是，建制派議員大部分投了棄權票。

　　「外傭居港權案」爭議的問題是：外傭在港工作滿7年後能否成為香港永久性居民？根據《基本法》第二十四條（四），香港永久性居民包括「在香港特別行政區成立以前或以後持有效旅行證件進入香港、在香港通常居住連續7年以上並以香港為永久居住地的非中國籍的人」。但香港《入境條例》規定，受僱為外來家庭傭工而留在香港，不得被視為通常居於香港。即是說，外傭不論在香港工作多長時間，都不能因而成為永久性居民。2010年12月，3名外傭入稟高等法院申

請司法覆核,指《入境條例》對外傭的限制牴觸《基本法》,應予廢除。

　　這宗案件引起社會廣泛關注。據政府估計,如果取消《入境條例》對外傭的限制,將有超過10萬名外傭符合成為香港永久性居民的資格,連同他們的家屬,合資格申請居留權的人數將達40萬,當中約有20萬人可領取綜援。

　　2011年9月30日,高等法院作出震動全城的裁決:《入境條例》限制外傭申請居港權的條文違反《基本法》。許多市民都對裁決感到驚訝和憤怒,「反對外傭享有居港權」的呼聲此起彼落。由於外傭的代表律師是公民黨成員,不少人遷怒於公民黨,埋怨他們慫恿外傭打官司,搞亂香港。

　　政府立即決定提出上訴。半年後,高等法院上訴庭推翻原訟庭的裁決,裁定《入境條例》沒有違反《基本法》。代表外傭的律師提出上訴至終審法院的申請,獲上訴庭批准。

　　2012年12月中,忽有傳媒報道,法律界人士透露,律政司司長就外傭居港權案向終審法院建議尋求人大常委會解釋《基本法》。我立即收到何俊仁議員來信,要求批准他在立法會下次會議上動議休會辯論,討論政府的釋法建議。我認為他提出的問題沒有迫切性,按《議事規則》拒絕了他的要求。數星期後,郭榮鏗議員便提出「捍衛法治和司法獨立」的議案。政府明知人大釋法會引起爭議,而按上訴庭推翻原訟庭裁決時提出的理據,政府在終審法院勝訴的機會是很高的,為什麼還要提出人大釋法呢?因為政府想乘機解決「雙非」問題。

雙非問題

特區政府第一次提請人大常委會解釋《基本法》,是在1999年終審法院就「吳嘉玲案」裁定政府敗訴之後。「吳嘉玲案」的爭議點,也是《入境條例》有沒有違反《基本法》,不過涉及的是《基本法》第二十四條(三):香港永久性居民「在香港以外所生的中國籍子女」,是香港永久性居民。

特區成立時,估計內地有大量居民是港人的子女;如果因為《基本法》第二十四條(三),這些內地居民全部享有香港的居留權,可以隨時來香港居住,香港社會將無法承受。為避免這失控情況出現,特區政府修訂了《入境條例》,規定如果要憑第二十四條(三)成為香港永久性居民,必須在出生時父或母已經是香港永久性居民;同時又規定,港人在內地所生的子女要來港定居,須申領內地政府發出的單程通行證,以及特區政府發出的居留權證明書。

不料終審法院在「吳嘉玲案」中裁定,根據《基本法》有關條文,香港永久性居民在內地所生的子女都是香港永久性居民;不論他們是婚生或非婚生、出生時父或母是否已成為香港居民、有沒有單程證,他們都擁有來港定居的權利。政府當時估計,如果執行終審法院的裁決,有167萬人可從內地移居香港,對本港社會造成沉重的負擔。特區政府於是提請人大釋法。人大常委會6月26日公布對《基本法》第二十二條和第二十四條(三)的解釋;按這解釋,《入境條例》的要求符合《基本法》的規定。

2001年發生了第二宗居港權案——「莊豐源案」。這次爭議的是《基本法》第二十四條（一）：「在香港特別行政區成立以前或以後在香港出生的中國公民」是香港永久性居民。莊豐源的父母都是內地居民，1997年9月持雙程證來港生下莊豐源。入境處指莊豐源沒有居港權，因為按《入境條例》規定，父母雙方或一方合法定居在香港期間所生的子女，才算符合《基本法》第二十四條（一）的要求。家人不服，提出訴訟，結果政府又一次敗訴。終審法院裁定：不論其父母是否已在香港定居，在香港出生的中國籍子女均享有居港權。大概鑑於對「吳嘉玲案」的釋法在社會上特別是法律界中引起的爭議，特區政府這次沒有再尋求人大釋法。

「莊豐源案」的裁決，引發了給香港造成極大困擾的「雙非」問題——內地居民來香港生下的子女都享有香港永久性居民的權利，儘管父母都並非香港居民。香港向內地居民開放「自由行」之後，大量內地孕婦來香港產子，提供有關服務成為一門興旺的生意。根據特區政府向立法會提供的資料，2001年在港出生的雙非嬰兒只有620名，至2011年激增至35736名；連同「單非」（丈夫為香港永久性居民），2011年內地孕婦來港生下的嬰兒共43982名，佔該年全部在港出生嬰兒超過四成半。

梁振英當選行政長官之後所做的最贏得市民掌聲的一件事，就是宣布從2013年開始，「雙非孕婦來港產子的配額為零」。這政策有效制止了雙非兒童大幅增加；可是，前10年累積的10多萬在內地居住但隨時可移居香港的雙非兒童，對香港的社會負擔仍構成很大威脅。

秘密武器

　　2012 年 4 月中，當選剛 3 個星期的候任行政長官梁振英向傳媒評論雙非問題，聲明 2013 年私立醫院接收雙非孕婦產子的名額是「零」。他說，香港社會對雙非問題已有兩點共識：雙非孕婦來港產子，一不是發展醫療產業的正途，二不是解決人口老化的正途。他又向內地準備來港產子的雙非父母「提一點意見」：「我不能保證他們在香港出生的子女有香港永久性居民身份。」

　　這番話贏得市民不少掌聲，卻令仍在任的曾蔭權政府十分尷尬。對於內地孕婦來港產子，曾蔭權的態度一直比較正面。他提出發展「六項優勢產業」，其中包括醫療產業，而為內地孕婦來港分娩提供服務正是醫療產業的一項發展。曾蔭權又曾經表示，香港居民生育率偏低，內地孕婦在香港生的孩子成為港人，有助紓緩香港人口老化問題。梁振英提及的「兩點共識」，顯然是衝着曾蔭權說的。

　　最倒楣的是曾蔭權政府的食物及衛生局局長周一嶽。不久前他才告知傳媒，當局已和私家醫院就 2013 年接收雙非孕婦的配額達成共識。誰知話音剛落，梁振英便宣布 2013 年雙非「零配額」。

　　特別令人驚訝的是梁振英對「雙非父母」發出的警告：「不保證他們在香港出生的子女有香港永久性居民身份」？終審法院對「莊豐源案」的裁決不是已提供保證了嗎？

殊不知梁振英以為手握可以推翻「莊豐源案」的秘密武器。

回歸後幾宗居港權案，都圍繞《基本法》第二十四條關於什麼人可以成為香港永久性居民的規定。在回歸前夕，人大常委會設立的「全國人民代表大會香港特別行政區籌備委員會」（下稱「籌委會」），研究了第二十四條的實施辦法。籌委會的報告說：「籌委會針對香港的具體情況，從穩定社會和人心的大局出發，本着有利於平穩過渡的原則，提出了《關於實施〈中華人民共和國香港特別行政區基本法〉第二十四條第二款的意見》（下稱《實施意見》），以供香港特別行政區制定有關實施細則時參考。」

《實施意見》對第二十四條規定可以成為香港永久性居民的各類人加設了限制：例如「在香港出生的中國公民」（第二十四條〔一〕），限於父母在香港合法定居期間所生的子女；香港永久性居民「在香港以外所生的中國籍子女」（第二十四條〔三〕），出生時父母至少一方必須已取得永久性居民身份。這些限制，大大壓縮了擁有居港權的人數，減輕了香港要承受的人口壓力。籌委會認為，《實施意見》體現了第二十四條的立法原意。

回歸後特區政府修訂的《入境條例》當中有關永久性居民身份的規定，加入了《實施意見》提出的限制。在各宗居港權案裏受到挑戰的，正是這些限制。

終審法院審理「莊豐源案」時，政府曾經建議法庭參考《實施意見》。但終院首席法官認為，《實施意見》是「外在材料」，不具約束力；由於第二十四條的文義十分明確，按普通法原則，外在材料毋須考慮。只要香港法院依照《實施意見》解釋第二十四條，居港權問題即可迎刃而解；要使香港法院遵從《實施意見》，唯有靠人大釋法。

一箭雙鵰

　　外傭居港權案的訴訟跨越兩屆政府：在曾蔭權政府任內，案件去到上訴庭，政府勝訴。案件上訴至終審法院時，政府已經換屆，訴訟由梁振英政府接手處理。2012年12月12日下午，梁振英政府的律政司就外傭居港權上訴案向終審法院提交書面陳述。該文件本來在聆訊開始前是不應公開的；但有人馬上向傳媒「放料」，指政府建議終院尋求人大釋法。第二天有一份報章報道了這個消息，即時在法律界當中引起了強烈的反應。當天傍晚，新任律政司司長袁國強「迫於無奈」向傳媒發表談話，交代政府的做法。

　　袁國強透露，政府確實是請求終審法院考慮，向人大常委會尋求澄清1999年（「吳嘉玲案」）釋法的效力。袁國強表示，這將有助解決《基本法》第二十四條下所有不同類別人士，包括外傭的居港權問題。

　　「吳嘉玲案」的人大釋法，除了解釋該案直接涉及的《基本法》第二十四條（三）（以及第二十二條）外，還提及第二十四條「其他各項的立法原意」，指出該立法原意「已體現在1996年8月10日全國人民代表大會香港特別行政區籌備委員會第四次全體會議通過的《關於實施〈中華人民共和國香港特別行政區基本法〉第二十四條第二款的意見》中」。

　　終審法院審理「莊豐源案」時，確認法庭必須遵從人大常委會對《基本法》任何條文的解釋。可是終院認為，「吳嘉玲案」的釋法只

解釋了第二十四條（三）；釋法對《實施意見》的提述，並不構成對第二十四條其他各項的解釋，對香港法院不具約束力。現在特區政府向終院提出的建議，就是請人大常委會澄清先前的釋法：如果人大常委會確認《實施意見》是釋法的一部分，香港法院須要遵從，那就一籃子解決了實施第二十四條的所有問題，包括否定了外傭和雙非子女的居港權了。

有人稱讚這是「一箭雙鵰」的高招，同時解決外傭和雙非的居港權問題；支持釋法者都說，向終院建議提請人大釋法符合《基本法》，不會影響司法獨立。但也有人認為政府此舉是借人大釋法推翻終院對「莊豐源案」的終審裁決，破壞司法獨立；有一位剛退休的終審法院法官說，香港法治面臨「前所未見的風暴」。

立法會辯論郭榮鏗議員提出的「捍衞法治和司法獨立」議案時，建制和泛民議員對政府的釋法建議進行激辯。立法會會議上的發言是受「待判法則」（sub judice rule）約束的：對法庭審理中的案件，議員不得發表可能妨害法庭判決的言論。不過我認為，雖然議員的發言提及外傭居港權案，但發言內容都是針對政府應否提出釋法，不會妨害法庭判決，所以我沒有制止；法律顧問和政府官員也沒有提出異議。

議案最終不獲通過。傳媒報道用了兩種標題：有的說「建制派反對捍衞法治」；有的說「立法會否決反釋法動議」。

終審法院 3 月 25 日作出裁決：外傭上訴失敗，《入境條例》對外傭的限制繼續有效；但終院拒絕了政府提請人大釋法的建議。一箭雙鵰？一中一丟；「莊豐源案」的裁決沒有被推翻，雙非子女依然擁有香港永久性居民身份。

兩地矛盾

　　2013年1月，行政長官梁振英發表了他的第一份《施政報告》之後，在電台的英文節目裏説：（譯文）「過去10年，我致力向內地推廣香港的專業服務；我向中央政府爭取對內地富裕城市的居民開放來香港自由行。不少人曾對此抱懷疑態度。今天，內地已成為我們專業服務最大的市場，我們旅遊業最大的收入來源。懷疑派證明是錯了。」「懷疑派」聽了這段話，把梁振英叫做「自由行之父」，認為他要為自由行帶來的問題負責。

　　有報道説，2003年初，梁振英代表時任行政長官董建華到北京商討開放內地居民到香港旅遊的計劃。中央官員對梁振英説：「你好好考慮清楚了：中央不是不願撐香港，只是擔心我們這邊門一打開是關不上的。日後那麼多內地遊客去香港，有可能引起逾期居留及治安等問題，香港承受得了嗎？」梁振英回答説：「這些顧慮我們早就思考過了。既然中央支持開放自由行，香港會把所有準備工作都做好的。我們對香港的警察、海關、入境處的工作都有信心。」

　　開放了10年的自由行，給香港帶來了不少經濟利益，同時也造成了不少社會問題，並且激化了兩地矛盾。頗為諷刺地，梁振英就任行政長官後馬上推行的幾項政策，都是為了對抗自由行帶來的衝擊，包括拒絕接收內地孕婦來港產子的「零雙非」，遏阻境外（主要是內地）人士來港炒賣物業的「雙辣招」；還有2013年3月開始實施的「限奶令」。

內地奶製品受三聚氰胺污染的醜聞揭發後，內地居民紛紛出外搶購奶粉。香港首當其衝：內地水貨客乘自由行之便，如螞蟻搬家，不停穿梭兩地之間，在香港搜購奶粉，運往內地銷售。至2012年中，問題已十分嚴重，許多香港家長買不到嬰幼兒食用的「配方粉」。2013年初，情況進一步惡化，配方粉斷市現象由新界蔓延至市區，在社會上引起了普遍而強烈的不滿。政府認為水貨活動已引致市場供應鏈失效，於是決定實施「限奶令」。

　　「限奶令」是根據《進出口條例》制定的附屬法例，修訂《進出口（一般）規例》，把配方粉列為須向當局取得許可證方可輸出的物品；離境人士攜帶自用，可豁免許可證，但24小時內最多限帶兩罐。任何人違反規定，即屬犯罪：一經定罪，可罰款50萬元及監禁兩年。

　　打擊水貨活動，保障本地奶粉供應，自然得到多數市民支持。香港社會內部反對「限奶令」的聲音，主要來自奶粉供應商。內地客來港搶購，供應商生意大增；限制奶粉出口，卻影響了他們的生意，包括本地和轉口銷售。他們認為，所謂「市場供應鏈失效」，不過是某段期間、某些牌子、在某些銷售點出現短缺，不應採取嚴厲的限制措施，打擊自由市場。

　　但對「限奶令」最猛烈的抨擊來自內地。限制規定實施首天，有數名內地旅客離港時攜帶奶粉超出限量，被檢控定罪，罰款1000元至2500元。事件激起了內地居民的憤慨，內地網民群起狠批「惡法」。食物及衞生局局長高永文急忙「撲火」，説措施「並非針對內地人」，希望內地民眾諒解。這解釋難有説服力：「限奶令」針對的，不是內地人是誰？

看似是奶

「限奶令」由立法會以「先訂立、後審議」的程序處理：法例刊憲後，即在指定的日期（2013年3月1日）開始生效，但立法會可以在審議期內把法例修改或者撤銷。立法會裏各黨派都十分關注這項立法，26名議員參加了審議法例的小組委員會。立法會通過決議，把審議期從4星期延展至7星期。

香港一貫奉行自由貿易政策，一般不會對進出口貨物實行管制。小組委員會審議「限奶令」時，有議員質疑，立法限制貨物出口，可能牴觸了《基本法》第115條的規定：「香港特別行政區實行自由貿易政策，保障貨物、無形財產和資本的流動自由。」政府回應說，《基本法》沒有訂明「自由貿易政策」和貨物「流動自由」的定義，也沒有禁止在指定情況下規管貨物的進出口。

有議員又問，出口限制會否違反世界貿易組織的規定。政府指出，世貿《關稅及貿易總協定》容許成員為了防止或紓緩重要產品嚴重短缺的問題，對某些產品暫時實施出口禁制或限制。

但議員普遍認為，世貿容許限制出口的例外情況只是短暫的；要維護自由貿易政策，「限奶令」不應成為長期措施。議員紛紛要求政府說明何時撤銷限制，或者至少規定對限制措施進行定期檢討。政府卻認為，限制措施廢除後難保水貨活動不會重新興起，因此給「限奶令」訂明終止實施日期並不實際，且會發出錯誤訊息。政府只承諾，一年

後會對限制措施進行檢討。

立法會的小組委員會用了足足一個月時間，開了8次會議，才完成對「限奶令」的審議。對於政府不肯訂明撤銷法例的日期，好幾位議員表示要提出修正案，給法例加上「日落條款」，指定法例失效的時間。

政府當局亦預告會提出一項修正案，修改法例對「配方粉」的定義。法例本來的定義說，「配方粉」是「符合以下描述的粉狀物質：(a)供或看似是供年齡未滿36個月的人食用；及(b)是或看似是粉狀的奶或類似奶的物質，用以滿足年齡未滿36個月的人的全部或部分營養需要」。這定義在小組委員會裏引起了一番爭論，議員認為「看似是」的說法欠缺確定性，令執法人員無所適從。經反覆討論，政府最終同意把定義修改為：

「任何符合以下描述的粉狀物質：在顧及產品描述和使用指示（如適用）及任何其他有關情況下，該物質是擬供或宣稱是供未年滿36個月的任何年齡人士，作為奶粉或大豆配方粉，以液體形態食用，以滿足其營養需要（即使該物質亦宣稱〔如適用〕是適合36個月以上的任何年齡人士食用亦然）。」

這不是給普通人看的；雖然水貨客即使看不懂這定義，也應知道他們一直在搬運的「粉狀物質」經已被禁。

不過，政府和議員擬訂了多項修正案，是枉費心機了。修正案原定在4月17日的立法會會議上付諸表決；誰知該次會議未及處理「限奶令」便因不足法定人數流了會。由於審議期已經屆滿，修正案不能在之後的會議上提出，原來的法例維持不變。「限奶令」沒加上「日落條款」，至今依然有效；而「配方粉」的定義，依然包括「看似是」。

第二章　矛盾升溫

溝通為上

立法會秘書處不時會替我安排「傳媒茶敍」，邀請採訪立法會新聞的記者，到立法會主席辦公室，在輕鬆的氣氛下，一邊用茶點，一邊和我談論眾人關注的問題。在2013年農曆新年後的一次傳媒茶敍，主要話題是政改。我說，政改不是任何一方面可以單獨解決的問題；我希望決定香港政制發展命運的四方力量，即中央政府、特區政府、建制派和泛民陣營，能夠通過務實的對話磋商，設計出一個各方面都可以接受的2017年行政長官普選方案。

人大常委會2007年決定，2017年香港特別行政區第五任行政長官的選舉可以實行由普選產生的辦法。我在2012年2月底宣布不參加行政長官選舉的記者會上，表達了我對該次選舉的深刻體會：選舉過程中出現的事件，令選舉的公信力嚴重受損，香港市民對普選行政長官的要求更加強烈。2017年一定要落實普選行政長官，中央對此不能不正視。

我很清楚知道，對於普選產生行政長官的辦法，泛民的期望和中央政府的想法有很大落差。按照《基本法》第四十五條，行政長官的產生辦法「最終達至由一個有廣泛代表性的提名委員會按民主程序提名後普選產生的目標」。

我曾聽到主理香港事務的中央官員明確表示，第四十五條有關提名的規定，可以保證參選行政長官的人都是中央可以信任的。即是

説，提名委員會要替中央把關，不能讓不符合中央要求的人成為行政長官候選人。中央官員亦曾多次公開表明，行政長官必須由中央信任的人擔任。對泛民來説，這就等於限制了港人的選擇權利；他們不肯接受由一個受中央控制的提名委員會「篩選」候選人，認為這不是他們要爭取的「真普選」。

所以，中央和泛民在普選問題上似乎有着不可調和的矛盾。不過我相信，雙方都明白，由於普選方案必須獲得立法會全體議員三分之二多數支持，並經中央批准，所以如果是中央或者泛民任何一方不能接受的方案，一定不能通過。我同時相信，中央和泛民都希望普選方案獲得通過：對中央來説，普選是寫進了《基本法》的最終目標，一天未達致，一天仍不能説「一國兩制」已成功落實；對泛民來説，有「篩選」的普選總比他們説的「小圈子選舉」好得多，而且普選一開始了，路只會愈走愈寬。

我認為，只要各方面都真正願意見到普選，一定能夠就方案達成共識。大家一起努力尋求一個各方都能接受的普選方案，以此為目的開展對話磋商；任何事情有利於達到這目的便多做，不利的便盡量不要做。我説「務實」，就是這個意思。

我收到「風聲」，中央願意與泛民溝通；甚至有消息説，中央願意給沒有回鄉證的泛民議員發出回鄉證。

受到這訊息鼓舞，我重提舊話：我在 2009 年曾經建議，全體立法會議員到北京參加 60 周年國慶活動，可惜未能成事；2014 年是 65 周年國慶，立法會是否可以訪京呢？

記者問我對「佔領中環」的看法。我説，要脅迫中央讓步是不可能成功的；如果令討論普選的氣氛變得緊張，只會壞事。

極大殺傷

我第一次看到戴耀廷提出「佔領中環」的文章（《公民抗命的最大殺傷力武器》，《信報》2013年1月16日），只覺得有點詫異，並沒有把它當作一回事。

我對戴耀廷並不陌生，雖然我和他沒有私交。我知道他是法律學者，讀大學時曾經是基本法諮詢委員會的兩名學生代表之一。在我的印象中，戴耀廷絕不是「激進派」。他甚至不是一個典型的「民主派」：「民主派」經常站在反對政府的立場，被政府叫做「反對派」；戴耀廷卻很少批評政府，他在報章上寫專欄，發表的都是和法律有關的評論，多是觀點持平，態度溫和；偶爾談及內地和中央政府，縱有批判態度，也很客觀公道，沒有一點反共八股。

在發表「佔領中環」言論之前，戴耀廷跟特區政府以及中央政府的關係是十分良好的。特區政府的公務員培訓課程，經常邀請戴耀廷講課。公務員培訓處2012年中舉辦了一系列專題講座，作為慶祝香港回歸15周年和推廣《基本法》的活動，戴耀廷是講者之一；其他講者有梁愛詩、譚惠珠和北京大學法學院教授強世功。有一次我應邀出一個高級公務員培訓活動擔任主講嘉賓，整個活動就是委託戴耀廷策劃和主持的，可見特區政府對他的信任和倚重。

戴耀廷不但給香港的公務員講課，內地也不時會請他為政府官員講課。甚至在他發表了「佔領中環」的文章之後，仍有報道説他應邀到

中聯辦大樓,給中聯辦的官員講解法治和司法獨立等題目。

梁振英當選行政長官後不到兩星期,邀請了幾位熟悉《基本法》的法律界人士專門討論「雙非」問題。戴耀廷是其中一位。

我舉這些例子是要說明,戴耀廷是一個從來沒有跟特區政府或中央政府過不去,從來沒有走在社會抗爭運動前頭的學者;這樣一個學者,竟然寫文章提出要發動「萬人以上」「佔領中環」,作為爭取落實真普選的「最大殺傷力武器」,這令我有點詫異。不過我當時認為,那只是天馬行空之想,心血來潮之作,可以成為茶餘飯後的話題,沒有人會拿它當真。到我在接着的兩個月裏看到泛民陣營的反應,我便開始感到擔心。

民主黨前主席、2010年政改的關鍵人物何俊仁竟然率先表示支持戴耀廷的主張。3年前他和民主黨的核心成員走進中聯辦,打通對話磋商之路,結果促成政改向前邁進了一步。照理他應該最明白對話比對抗可取;但他卻公開表示,與政府的政改談判破裂時,可以使用戴耀廷提出的公民抗命「武器」。

泛民陣營的其他代表人物接着也紛紛表示支持公民抗命。有人甚至認為,泛民陣營應該團結一致,準備用公民抗命爭取真普選,不應接受邀請與中央官員接觸,以免引起分化。

我感覺到在泛民當中,包括他們的溫和派,瀰漫着一股懷疑情緒,不相信中央政府會履行普選承諾。我後來發現,這懷疑情緒是在2010年政改成功後發展起來的。當年「溫和民主派」支持政改,有一個附帶條件,就是要建立對話平台,讓他們可以就普選方案繼續與中央政府進行磋商。這要求並沒有落實。

第四章　劍拔弩張

普選底線

　　中共十八大（2012年11月）之後，中央「港澳系統」有人事變動：中共中央政治局常委、全國人大常委會委員長張德江接替習近平擔任中央港澳工作協調小組組長；原港澳辦副主任張曉明接替彭清華，出任香港中聯辦主任。

　　從香港回歸開始便掌管港澳辦的廖暉，2010年10月便不再任港澳辦主任，由王光亞接替；但廖依然積極參與港澳事務，包括2012年香港行政長官選舉的協調工作。十八大之後，似乎不再覺得他有直接的影響力。

　　中央不急於與泛民接觸，卻很重視與建制派的聯繫。2013年3月下旬，新任中聯辦主任張曉明邀請立法會全體建制派議員到前海和南沙考察。

　　張曉明在港澳辦工作多年，香港很多政商界人士都對他十分熟悉；我也曾經在北京和香港多次和他接觸，交換對香港問題的看法。他來港履新後不久，便邀約建制派立法會議員在農曆新年後到中聯辦大樓晚宴。但到了約定的日子，張主任卻因公務要留在北京，不能履約。其後他把約會改到3月下旬，在北京兩會之後，方式改為邀請議員到前海和南沙參觀。

　　有建制派議員向傳媒透露，中央對這次活動十分重視，多次表示

希望所有建制派議員盡量參加。行程包括參觀前海和南沙的最新建設，但議員們最期待的，是與專程從北京南下的中央官員會面。有評論分析，中央安排這次活動，是要彌補先前行政長官選舉在建制派陣營中造成的裂痕，敦促建制派加強團結，支持行政長官和特區政府。

訪問團除了有機會與張曉明和王光亞交談之外，原來整個行程的「戲肉」，是最後一節：由喬曉陽主持的座談會，談香港 2017 年普選行政長官。人稱「喬老爺」的喬曉陽，剛卸任香港基本法委員會主任，轉任全國人大法律委員會主任委員。他可說是中央政府對香港政制發展問題的主要發言人；每到政改的關鍵時刻，都是由他出來說明中央的立場和政策。這次他對訪問團的講話，長 6000 多字，在座談會後全文公開發表。那顯然是中央政府有意就普選問題向香港社會發出訊息，說明中央的底線。

喬曉陽在講話中一針見血地指出：「能不能允許與中央政府對抗的人擔任行政長官，這是行政長官普選問題的癥結所在。」

他斬釘截鐵地說：「中央政府不能允許與中央對抗的人擔任行政長官的立場是明確的、一貫的。」誰是「與中央對抗的人」？他指名道姓地舉例說：「比如，何俊仁先生 2011 年 5 月連續 3 天在《明報》發表文章，其中白紙黑字說『香港民主派的對手是在北京管理整個中國的中共中央及其領導的中央政府』。何先生盡可以保留自己的觀點；問題是持這種立場的人中央能接受嗎？世界上單一制國家中，沒有一個中央政府會任命一個與自己對抗的人、要推翻自己的人，擔任地方首長。」

我沒有出席喬曉陽的座談會。作為立法會主席，我一直沒有參加建制派議員的聚會，這次訪問我也不在獲邀之列。我另有機會與中央官員會面，交換對普選行政長官的看法。

不能承受

喬曉陽在和建制派的座談會上強調,「中央政府落實 2017 年普選的立場是堅定不移的,是一貫的;絕無拖延之意。」

和我談話的中央官員,同樣肯定地向我保證,中央真誠希望香港在 2017 年成功實現普選行政長官。我們談論的話題,集中到怎樣在泛民陣營中爭取到足夠的支持,讓符合中央要求的普選方案獲得立法會三分之二多數通過。

香港特別行政區先後在 2005 年和 2010 年進行過兩次「政改」嘗試;第一次失敗,第二次成功,分別在於政改方案能否得到一部分泛民議員的支持。兩次政改,整個泛民陣營最初都是反對政府提出的方案。在 2005 年,政府試圖針對泛民當中的幾名「動搖分子」,逐個爭取;但由於沒有人願意帶頭「轉軚」支持政府的方案,結果一票也「撬」不動。2010 年,政府改變策略,接納了民主黨的改良建議,爭取到民主黨的支持,帶動了其他幾名泛民議員願意跟隨,方案成功獲得通過。

總結兩次不同的經驗,我認為:第一,逐票去「撬」的辦法不可能成功,必須「爭取一大片」,有多名議員一起支持,才可排除「帶頭轉軚」的顧慮。第二,要爭取一大片,便要留有磋商、讓步的空間,讓對方覺得提出的改進建議獲得接納,才有理由從反對轉為支持方案。

我把這些意見説了。在場的官員們表示明白我的想法，其中一人回應説：「能夠爭取（泛民）一大片當然最好，但也不能完全放棄個別爭取。」至於讓步空間，他們表示會認真考慮，但強調並不容易。

　　我又説，我明白中央不能容許與中央對抗的人成為行政長官；但是我相信，如果讓港人自由選舉，他們不會選出一個與中央對抗的人。港人是很務實的；大家都明白，讓一個中央不信任的、不能跟中央合作的人當上行政長官，只會損害香港的利益，損害港人的利益。2007年和2012年的行政長官選舉，都有泛民的候選人參選；兩次選舉中的民意調查都顯示，市民對泛民候選人的支持度遠低於當選的獲中央支持的候選人。我認為，對候選人的條件定得愈寬鬆，選舉方案便愈容易獲得廣大市民接受，當選的行政長官便有愈高的認受性。這些話，中央官員從其他人的口中不知已聽過多少次，但他們仍是耐着性子聽我説了一遍。

　　我留意到喬曉陽的講話裏有這麼一段：「有人認為，廣大香港居民是愛國愛港的，要相信不會選出這樣（與中央對抗）的人當行政長官，即使選出這樣的人，一旦他與中央對抗，損害香港利益，下次選舉一定會把他選下來。我完全同意廣大香港居民是愛國愛港的，也相信如果再一次選舉，可以把與中央對抗的人選下來。問題在於，如果出現這種情況，其後果是香港難於承受的。……中央在香港實行的基本方針政策的根本宗旨是兩句話，第一句是維護國家主權、安全和發展利益；第二句是保持香港長期繁榮穩定。……站在國家的角度，站在維護根本宗旨的角度，站在落實『一國兩制』方針政策的角度，不能承受這個風險。」

　　香港政治形勢的發展，令中央這套想法愈來愈牢固。

劍拔弩張

空前絕後

曾任新華社香港分社（中聯辦的前身）副社長、基本法起草委員會副秘書長以及基本法諮詢委員會秘書長的毛鈞年先生，2013年2月病逝。3月下旬，我出席了毛先生的喪禮，與特區政府和中聯辦一眾官員一起向他的遺體告別。中聯辦主任張曉明擔任治喪委員會主任，在告別儀式上回顧了毛鈞年的生平，讚揚他的一生「是愛國愛港的一生，進步的一生，奮鬥的一生」。行政長官梁振英特別指出毛鈞年「積極參與香港回歸祖國和成立香港特別行政區的籌備工作，對國家、對香港貢獻良多」。

我除了以立法會主席的身份出席告別儀式外，也是以學弟和朋友的身份去送別一位學長。

毛鈞年比我年長10歲，比我早8年在香港大學畢業。他和我都是文學院的學生；他讀中文，我修數學。我入大學時他早已畢了業，在循道中學任教，但他和大學裏的同學仍有很多聯繫，不時會出現在港大校園裏。我當時便認識了他，經常和他討論時事政治。他的政治和歷史知識遠比我豐富，但我經常對他說的不服氣，要跟他辯駁一番。認識他的人都說他是個謙謙君子，但他從不動氣的態度最令我難受：你駁他、罵他、笑他，他總是氣定神閒地繼續說他的道理，嘴角永遠掛着一絲自信的微笑，令你覺得像把拳頭打在一團棉花上。

我離開大學之後去了培僑中學教書，開始一段時間還跟他有來

往，其後十多年沒見面。到 1985 年，忽然聽到他加入了新華社，做副秘書長兼文化教育部部長。當時《中英聯合聲明》已經簽署，香港已進入回歸過渡期。中國政府對毛鈞年委以重任，他兼任基本法起草委員會副秘書長（秘書長是李后，另一副秘書長是魯平）和諮詢委員會秘書長。

毛鈞年當官之後，我們又不時會見面：他來找我和培僑的老校長吳康民，談《基本法》諮詢工作，也談我們大家都熟悉的教育。香港教育界對回歸要有什麼準備，自是應該研究的問題。像培僑這樣的「愛國學校」當時只有很少數，而且辦學遇到很大困難。我已記不起毛跟我們談了些什麼教育問題了，反而記得他向我們透露：新華社的用人政策將有重大改變，要大量招聘港人，包括讓港人擔任要職。他說，會「打破界限」、「自由進出」，讓本地人進新華社工作一段時間，然後可以出來轉到其他地方工作。

毛鈞年在 1987 年升官，任新華社副社長，是港人在該機構擔任的最高職位，也是唯一一位港人擔任該職位。他的上司——時任新華社社長許家屯——顯然對他十分賞識，而他對許也十分敬佩。

1989 年六四事件改變了一切。隨着許家屯離職，毛鈞年也失去他在新華社的重要地位。踏入九十年代，香港回歸的籌備工作他已沒有參加。他患上柏金遜症，健康愈來愈差；我每次見他都覺得心酸。

毛鈞年說的「打破界限」、「自由進出」，終於沒有實現。九十年代之後，不論新華社抑或回歸後的中聯辦，再沒有大量招聘本地人，更沒有本地人獲聘出任重要職位。

我送別了毛鈞年，送走了一個特別的年代留下的印記。

財案拉布

立法會審議通過財政年度開支預算的方式，是三讀通過載列開支預算的撥款條例草案。立法會審議《2013年撥款條例草案》時，梁國雄、陳偉業等議員聲明要「拉布」，目的是要迫使政府推行全民退休保障計劃，以及發給每名市民一萬元。

審議撥款條例草案，可拉布的空間特別多。首先，議員可以提出大量修正案。《議事規則》不容許議員提出增加開支的修正案，但對削減開支的便沒有限制。政府的開支預算按部門或機構分成八十多個「總目」，每個總目的數額又按開支類別分成若干「分目」；議員可以提出修正案，把某分目的預算開支削減某個數額。修正案數量不限，議員要提出多項修正案，十分容易。

然後，在容許多次發言的全體委員會審議階段，議員可以對每項削減建議發言說明，解釋為什麼要削減某部門的開支、扣減某官員的薪酬；這是抨擊政府部門和官員的最好機會。按《議事規則》規定，全體委員會階段「辯論的範圍只限於需要撥款服務的政策」，但議員很容易把政策推行的效果聯繫到有關部門或負責官員的工作表現。在反對派議員眼中，官員的缺點錯誤可謂數之不盡；不停地發言批評官員，對他們沒有任何難度。

對《2013年撥款條例草案》，我收到由6名議員提出的一共762項修正案，這數量雖未及上一年審議《2012年立法會（修訂）條例草

案》(「遞補機制法案」),但以審議撥款條例草案來說是前所未見的。其中 754 項是由社民連和人民力量的 4 名議員提出,表明是為了要拉布。

政府已獲立法會批准的臨時撥款,足夠應付大約兩個月的開支。如果撥款條例草案到 5 月底仍不獲通過,臨時撥款用完,政府便要「停擺」。理論上政府可以向立法會申請第二筆臨時撥款,但這完全沒有先例,政府當然不願見到有這樣的需要出現。

對於議員提出的修正案,我循例徵詢政府當局的意見。政府回應指出,第一,有些議員已公開表示他們提出多項修正案的目的是為了拉布;立法會主席決定是否批准他們提出修正案時,應該考慮《基本法》賦予他的主持立法會會議的職權,包括保證會議有序、公平及正當地進行。第二,參考先前「遞補機制法案」的情況,「系列式」的修正案應屬「瑣屑無聊或無意義」,按《議事規則》不能提出。

但是,按立法會法律顧問給我提供的意見,我不能以議員有拉布目的為理由,拒絕批准他提出修正案;在決定是否批准議員提出修正案時,議員的動機不能作為考慮因素,這是立法會主席一貫依循的原則。至於「瑣屑無聊」的解釋,在《議事規則》未修改之前,我只能沿用過往的準則。

我批准了 710 項修正案。不過,我汲取了上年處理「遞補機制法案」的經驗,留了「剪布」的後着。我在批准修正案時說明,如果在處理撥款條例草案的過程中,立法程序被拖延,致令立法會不能有效地履行它的職權,我將毫不猶豫地行使《基本法》賦予立法會主席的權力,包括採取必要步驟終止辯論,確保會議有序、公平及正當地進行。

剪布權力

有一次，一位中央官員對我説：「大家對你主持立法會會議的表現頗有微言；議員拉布，應剪得剪！」我回應説：「對不起，不能『應剪』便剪，要依《議事規則》辦事，《議事規則》説可剪，才可以剪。」官員聽了，沒有説話。

我的説法其實並不準確：《議事規則》沒有説立法會主席在什麼時候可以「剪布」。《議事規則》規定，在沒有議員要求發言時，辯論即告結束；但沒有一條規則説，當仍有議員要求發言時，主席可以決定終止辯論。梁國雄對我在立法會審議「遞補機制法案」時的剪布提出司法覆核，其中一項理據就是指我終止辯論的決定違反《議事規則》。

高等法院拒絕批准梁國雄的司法覆核；他一直上訴至終審法院，都被駁回。三級法庭的裁決，確立了立法會主席的「剪布權」來自《基本法》，不受《議事規則》的限制。

高等法院原訟庭的判詞（2012年5月25日）説：「（根據《基本法》第七十二條）立法會主席的職能之一是主持會議；按必然的推論，他亦獲賦予履行這職能所需的權力。」「主持會議的意思，不是只坐在主席的座位上聽議員發言，而是要對會議作出正當的控制。議會辯論內容的優劣，取決於議員；令會議有序、公平和正當地進行，則是主席的職責。」《基本法》第七十五條規定，《議事規則》不得與《基本法》相牴觸，因此《議事規則》不能否定《基本法》第七十二條賦予立法會主

席的主持會議的權力。」

上訴庭的裁決（2013年2月1日）對立法會主席的「剪布權」說得更加明確：「立法會主席在《基本法》第七十二條（一）下享有的主持會議的權力，必須包括在適當情況下終止辯論、把事項付諸表決的權力。」

終審庭的裁決（2014年9月29日），連「在適當情況下」應作為剪布的條件也沒有再強調。判詞說：「本院進一步裁定，固有或附帶於立法會主席在《基本法》第七十二條（一）下『主持會議』的權力，主席有權對辯論設定限制和終結辯論；至於主席有否恰當地行使權力，或主席的決定是否構成未經授權地訂立議事規則等問題，均非由本院考慮。」

法庭的裁決，為立法會主席作出終止辯論的決定掃除了法律障礙。不過，在行使這「剪布權」時，立法會主席並非不受任何約束。原訟庭的判詞有這段話：「（雖然《議事規則》不能否定立法會主席主持會議的權力，）但這不等於說主席行使權力時毋須考慮《議事規則》。主席主持會議的法定權威來自《基本法》，但他的政治權威來自立法會議員。在行使他的權力時，除了法律，他還要考慮政治後果。立法會主席是議員選舉的；如果議員對主席的決定不滿，可以通過政治手段向主席問責。議員可用的其中一個辦法是通過決議，對主席的決定提出意見。當然，在這樣做時，議員也要向他們的選民負責。再說，立法會主席也是選舉產生的議員，和其他議員一樣要向選民負責。」

這段話很正確地指出了立法會主席所作決定的政治性質。在處理議員對《2013年撥款條例草案》的拉布時，我必須審時度勢，評估和衡量各黨派議員以及社會大眾對問題的看法。

烏龍突襲

　　立法會審議「遞補機制法案」的時候，幾乎全體泛民議員都為要阻止法案通過而參與拉布；但對《2013年撥款條例草案》的拉布，堅持的只有梁國雄等4名議員，其他泛民議員都不參與。理由很簡單：他們知道對撥款條例拉布不可能達到任何目的；政府當局不會在政策上有任何讓步，社會大眾也不會願意見到預算案不能及時通過而令政府「停擺」。

　　不過，先前的經驗説明，即使執意拉布的議員只有三數名，他們仍然可以把法案的審議拖延很長時間。前文説過，在議員可以多次發言的「全體委員會」階段，只有當議員嚴重離題或重複時，主席才可制止他發言。但對於撥款條例草案，議員不愁沒有題材發揮，不離題、不重複，也可以長篇大論，滔滔不絕。

　　對政府來説，拉布完全是破壞行為，拉一天也嫌太多。行政長官、政務司司長和財政司司長都提出警告，指拉布損害市民利益，呼籲議員盡快讓預算案通過。但社會並沒有反對拉布的共識：不少泛民的支持者認為，泛民是立法會裏的少數派，既然不可能通過表決去改變政府的政策，唯有用拉布等手段迫使政府讓步。泛民在審議「遞補機制法案」時集體拉布，正是因為他們相信，不少支持他們的市民要求他們阻止法案通過。

　　這次大部分泛民議員不拉布，並不是他們「痛改前非」，覺悟到

拉布是不該做的事。他們只是認為，拉布是用來抗衡政府的「核武器」，應留待關鍵時刻才拿出來使用；如果用得太濫，令市民產生厭惡，到真正有需要時便可能用不上。所以，儘管不參與，他們也不肯公開表示反對拉布。如果我「剪布」力度太猛，令泛民擔憂會成為制止拉布的先例，他們隨時會支持拉布的議員，挑戰我的裁決。社會輿論也不一定贊成剪布；我上次剪布便受到不少指我「濫權」的抨擊。

立法會在 4 月 17 日的會議上恢復《2013 年撥款條例草案》的二讀辯論。本來「拉布戰」應在稍後的全委會階段才開始：二讀辯論中每名議員發言最多一次，沒有拉布的空間。可是，17 日晚上卻上演了一場出乎所有人意料的拉布序幕：立法會新任期開始後第一次流會。

我早已通知議員，當天會議依照慣例在晚上 10 時暫停，翌日上午 9 時恢復。由於拉布尚未開始，議員都未有要留守會議廳的意識，很多人在 9 時後已提早「放學」回家去了。誰知到晚上 9 時 45 分左右，人民力量議員陳志全突然要求點算人數。鳴鐘 15 分鐘後，會議廳內仍遠遠不足法定人數，我只能宣布休會。會議即時腰斬，不能在翌日恢復。

流會後，陳志全成為焦點人物；傳媒紛紛追問他為什麼要「突襲」，他不能提出可信的理由，大家只能猜測他是「擺烏龍」；又或許他是為拉布預習，測試一下點算人數的效果。

該次會議原本在撥款條例二讀辯論結束後還要處理議程上的其他事項，包括對「限奶令」的議案和修正案進行表決。流了會，審議「限奶令」的期限屆滿，所有修正案都不能提出，包括日落條款和配方粉的定義。

噩夢重現

　　4月17日的會議流會後，為要盡早完成撥款條例草案的審議，我決定隨後的會議每次從星期三開始，延續至下次會議的前一天；除了星期五下午留給內會和財委會，星期六、日休息之外，每天開會至晚上10時暫停、翌日上午9時恢復。各黨派議員對這安排沒有太大意見，雖然有部分建制派議員認為應考慮通宵開會。

　　撥款條例草案進入了全體委員會階段，「拉布戰」正式開打。建制派議員宣布實行「編更」安排，輪流在會議廳裏當值，確保足夠法定人數，避免流會（自由黨議員全部拒絕當值）。其實大部分議員都不願呆在會議廳裏聽拉布議員長篇大論，不時會有當值議員耐不住自行離場；拉布議員一見會議廳裏人數不足，便立即要求點算人數。召喚議員的「催魂鈴」整天響個不停，審議《2012年立法會（修訂）條例草案》的噩夢再次出現。

　　大部分議員被少數拉布議員「綁架」，這不合理現象的根源，是立法會《議事規則》第17條的規定：當會議在進行中，不論任何時間，如果有人指出會議不足法定人數，主席須立即暫停會議，傳召議員返回會議廳。在出席一個公開場合時，我向傳媒表示，我認為這條規則應該取消，改為只要求會議開始和進行表決時符合法定人數，其他時間會議不受在席人數影響。我指出，不論會議廳裏有多少人，議員發言可通過直播讓公眾看到，其他議員毋須留在會議廳裏也可知道會議進行情況。英國國會開會時大部分議員不會留在會議廳，甚至只得一名

議員對着議長發言。

對於我這提議，除了拉布議員強烈反對外，大部分議員似乎都覺得可以考慮。但法律顧問卻認為不可：立法會會議的法定人數為不少於全體議員的二分之一，是《基本法》的規定；即使刪除了《議事規則》第17條，任何人仍可以指出會議不足法定人數，叫停會議。

然而我想，《基本法》的規定不能改變，但「會議的法定人數」是什麼意思，《基本法》沒有說明。我知道有些其他地方的議會，只規定會議開始和表決時須符合法定人數；我們可否也這樣去解釋《基本法》的規定呢？

我提出這個問題，立法會法律顧問和律政司都說不可以。其後秘書處找了幾位法律界權威人士（包括一位英國的御用大律師），尋求他們的意見，得到的回覆都是否定的；「催魂鈴」響不停的荒謬場面，避免不了。

這些都是後話；即使從外面找到不同的法律意見，仍要修改《議事規則》，不能即時解決問題。5月2日，立法會再次因人數不足而流會。我和秘書處商量後，邀請所有議員舉行閉門會議，徵求他們對剪布的意見。

拉布議員當然沒來，但其他各黨派都來了代表。如我所料，建制派議員主張「果斷剪布」；泛民議員雖不贊成對這次預算案拉布，但對我剪布都表示反對。泛民議員說，我應該要求政府與拉布的議員對話，聽取他們的意見，化解矛盾，而不應靠剪布解決問題。

拉布議員要的是「全民退保」和派錢一萬，政府怎會答允？不過，促請雙方對話仍是我十分樂意做的。

限時先例

　　撥款條例草案的審議遇到議員拉布，2013年是第一次，政府未有應付的經驗。前文説過，已獲立法會批准的臨時撥款，足夠應付政府至5月底的開支；但如果立法會拉布持續，政府不能等到臨時撥款用完才作打算。

　　政府在5月初發出訊息，表示一旦預算案到5月中仍未通過，可能要暫延部分撥款，首先受影響的將是擁有儲備的公營機構，例如立法會。另外，預算案提出的一次性紓困措施，包括電費補貼、綜援「雙糧」和公屋免租等，都要延遲發放。有傳媒引述「政府消息人士」説，5月中是通過預算案的「死線」；到時如果未通過，政府內部將召開緊急會議，討論如何調動餘下資源，優先處理迫切項目，以減少對政府運作的影響。

　　這些消息，不論是真是假，產生的效果是向立法會施壓——特別是向立法會主席施壓，彷彿整個政府能否維持正常運作、紓解民困款項能否及時發放，就看立法會主席肯不肯剪布。

　　這些消息增加了我要作出決定的難度。泛民議員認定政府是在製造輿論迫我倉卒剪布，於是群起發聲反駁。他們指摘政府誇大了財政危機，批評政府無意跟議員對話去解決問題。另一方面，他們又公開反對我配合政府需要剪布，讓政府可以肆無忌憚，對議員的要求置諸不理。他們強調，我要堅決拒絕剪布，政府才會願意聽取議員的意見。

梁國雄等4名拉布議員寫信給曾俊華,要求會面。我對傳媒說,既然議員提出了訴求,我希望見到政府跟議員坐下來,理性協商,尋求解決辦法,讓預算案可以及早順利通過。記者問我什麼時候剪布,我不回答,只強調如果問題陷入僵局,對各方面都沒有好處;我相信政府和議員都有化解矛盾的意願。

拉布進行了8天,對法案修正案的辯論只完成了大約八分之一。曾俊華應拉布議員的要求和他們會面;但會面後議員表示不滿意曾俊華完全不肯接納他們提出的全民退保和派錢的建議,決定繼續拉布。我知道事情已沒有「雙贏」的解決辦法,便和秘書處研究結束辯論的辦法。

接着的一次立法會會議一開始,我宣布會議暫停,邀請所有議員舉行第二次閉門會議。我向議員們表明我要定時完成預算案審議的意向。我估計,建制派都支持我剪布;泛民一定表示反對,但會邊罵邊任由我「開剪」,因為他們其實並不想無了期地拖延預算案的表決,背上令政府「停擺」的黑鍋。

閉門會議結束後,回到會議廳,我宣布:我決定就完成撥款條例草案的餘下程序定出時間表。我指出,全體委員會階段辯論已進行了55小時;我考慮了以往對撥款條例草案的全委會審議所用的時間,以及提出大量修正案的議員要有充分時間就修正案發言,我決定讓這辯論再進行約14小時,然後開始就各項修正案進行表決。

多名泛民議員發言對我的決定表示強烈抗議,但會議秩序並未失控;所有要求發言的議員,都在我指定的時限屆滿前發了言,拉布在5月14日中午結束。

我建立了規定辯論限時結束的先例。

第五章　破冰機會

倫敦取經

2013年6月，我應英國下議院議長伯科（John Bercow）的邀請，到英國國會訪問。

我擔任立法會主席8年裏，共到過6個國家進行職務訪問，其中5個國家都是由該國的駐港總領事安排的，唯獨到英國國會的訪問沒有經過英國駐港總領事，而是由已退休的原英國下議院秘書Malcolm Jack策劃的。

Malcolm是英國議會程序專家。他1967年已加入下議院秘書處，2006年升至秘書處的最高職位——下議院秘書（Clerk of the House of Commons），至2011年退休。他是英國議會程序的「聖經」《議會實務》（*Erskine May: Parliamentary Practice*）第24版的編輯。

Malcolm和香港有很深的淵源。他在英國出生，幼年時卻在香港生活，至10歲才返回英國。他在下議院服務時，很熱心為香港立法機關秘書處人員提供培訓。立法會前任秘書長吳文華回歸前到英國下議院學習議會實務，Malcolm就是她的師傅，兩人其後一直保持書信聯絡。Malcolm退休後，吳文華（時任立法會秘書長）邀請他來香港對立法會秘書處工作提供顧問意見，他欣然答允，在2012年4月至5月來了3個星期，除了為秘書處職員培訓外，還給議員做了幾場講座。我在那時認識了Malcolm，他建議我到英國國會訪問，並表示樂意協助安排。

Malcolm 回英國後，我和他保持聯繫，曾就處理拉布等問題向他請教。2013 年初，我告訴他，如果我要到英國訪問，最好的時間是該年 6 月第二個星期，因為該星期三是端午節公眾假期，沒有立法會會議。

不久我收到英國國會海外事務辦公室的訊息，表示他們會為我安排訪問國會的 4 天行程，其中包括議長伯科為我而設的晚宴。

伯科是一個十分有趣的人物。他在 2009 年當選下議院議長，其後多次成功當選連任，曾經與 4 個不同的首相共事，是二戰後任期最長的議長。他最令人驚嘆的本領，是他不但記得下議院所有其他 649 名議員的姓名，而且可以憑每一名議員的樣貌叫出他的姓名和選區。他的舉止不像我印象中的英國紳士，但他有典型的英式幽默。在他為我主持的晚宴上，他整晚談笑風生，兩小時的宴會完全沒有冷場。

訪問的行程非常緊湊、充實。我分別會見了十多位國會議員和職員，包括上下議院的議長和秘書，以及多個委員會的主席。我旁聽了下議院會議，包括首相答問時間，又觀察了多個委員會開會的情況，以及議長和秘書就入會進行的預備會議。

議員違反會議規則的行為特別引起我的注意。我看到一個女議員在會議廳裏「做秀」：在會議進行中卸下外衣，展示裏面穿着的印有政治標語的白色汗衫。這是違反會議規則的，議長卻沒有處理；過了一會，會議廳內外都沒有人再注意她了。事後我知道，秘書向議長指出女議員的違規行為，但議長故意視而不見。

我當然也有興趣了解英國國會怎樣處理拉布。上議院是沒有剪布機制的。至於下議院，剪布要通過一項時間編配議案（programme motion）；如果議案通不過，辯論便不能限時結束。下議院審議《2012 年上議院改革法案》時，時間編配議案不獲通過，結果政府要把法案撤回。

一語成讖

　　在倫敦，我除了參加英國國會海外事務辦公室安排的活動，還拜會了中國駐英大使劉曉明，出席了英國華僑代表的晚宴，以及做了3場演講。劉曉明大使曾在2011年11月應邀訪問香港，在立法會主席辦公室和我見過面。這次我到中國使館拜訪他，得到他的熱情接待。我和他談了一個小時，聽他介紹中英關係的最新發展，特別提到英國有愈來愈多中國留學生。我也向他介紹了香港的近況和我這次訪英之行的見聞。

　　僑界的晚宴設在倫敦華埠一家中國酒樓，筵開3席，30多位參加者都是多年前從香港移民到英國的僑領，其中有不少來自倫敦以外的地方，包括曼城和北愛爾蘭。我對這些僑界代表說，我知道他們看到香港社會近期頗不平靜，會感到擔憂。我向他們解釋，香港正處於民主發展的重要階段，中央政府已經答允，香港在2017年可以普選行政長官；對於怎樣走向普選，社會各方正通過不同的方式表達他們的訴求，因此爭議便多了。

　　我又指出，國家的發展帶動了香港的經濟發展；雖然全球經濟疲弱，香港經濟仍能維持平穩增長。不過，香港的貧富差距擴大了，社會矛盾增加了，很多市民覺得不能分享經濟發展的成果，這也是引起社會不安的原因。我的三場演說，都是以「香港走向普選」為主題。一場是在倫敦政治經濟學院，聽眾是該校的教師和學生，其中大部分是香港留學生；另一場是查塔姆研究所（Chatham House，著名的

Chatham House Rule 的出處）的董事早餐會；最隆重的一場，是香港工商協會（Hong Kong Association）在海德公園文華東方酒店宴會廳舉行的午餐會。

出席這個午餐會的嘉賓，有很多和香港回歸關係密切的知名人士，包括衞奕信（David Wilson，1987-1992 年的香港總督）、韓達德（Douglas Hurd，1989-1995 年的英國外相）、高德年（Anthony Galsworthy，1989-1993 年的中英聯合聯絡小組英方首席代表）以及鄧蓮如（前行政立法兩局議員）和鮑磊（Martin Barrow，前立法局議員）等。

對着這些曾經在香港回歸過程中扮演過重要角色的政治人物，我發表我對香港走向普選目標的看法。我說，有些人問：實現了民主，香港一定會更好嗎？我對這問題沒有肯定的答案，但我知道，2017年要普選行政長官，是香港的主流民意。我又說，邱吉爾早已指出，民主不是完美的制度；我認為捍衛民主的最好辦法，是承認和正視它的缺陷，盡量減少這些缺陷會帶來的壞處。我表示，作為立法會主席，我會盡我所能在本屆任內促成普選方案獲得通過。

幾年後回顧，這些話像是在雲裏說的，但當時卻贏得在場人士的認同。「如果2017年不實行普選，香港將難以管治。」這話我當時說了；之後在不同場合再說了多次。有人認為是胡說八道，也有人認為是一語成讖。

衞奕信另有要事，在答問環節開始前便離開了；他離場前託人交給我一張紙條，上面寫了鼓勵的說話。

所有活動結束，在離開倫敦之前，我接受了多家傳媒訪問，大多是談香港的政治發展。英國廣播公司（BBC）中文網的訪問是例外：他們只問我對斯諾登事件的看法。

叛諜風雲

　　美國《華盛頓郵報》和英國《衞報》 2013年6月3日披露了「稜鏡行動」(PRISM)——美國政府一個大規模的互聯網監控計劃；資料來自洩密者提供的美國國家安全局(NSA)的絕密文件。6月10日，即我在倫敦進行訪問活動的第一天，《衞報》發表了一篇專訪報道，受訪者名叫斯諾登(Edward Snowden)；他向《衞報》透露，他就是向傳媒提供「稜鏡行動」絕密文件的洩密者。

　　斯諾登是美國中央情報局(CIA)前職員，2009年離開CIA，轉到NSA的一家外判公司任職，在夏威夷一個NSA設施內工作，並和女友一起居住在夏威夷。他向《衞報》解釋他為什麼要洩露NSA的絕密文件：美國政府要他參與建造大規模秘密監視機器，摧毀私隱和互聯網自由，侵犯世界各地人民的基本權利，這令他良心感到不安，所以他寧願捨棄自己的工作、收入和女朋友，把真相告訴世人。斯諾登說：「無孔不入的監控，正急速破壞互聯網的價值和個人的私隱權；在沒有私隱權的世界，將沒有知識可供探索，沒有創意可以發揮。」

　　《衞報》透露，斯諾登當時藏匿在香港。原來他在5月20日已從夏威夷飛到香港；他表示，選擇在香港「爆料」，是因為他相信香港堅守言論自由的價值，同時能夠抗拒美國霸權。他的這個選擇，可給香港政府帶來了很大的麻煩：斯諾登公開了他的身份和行蹤之後，美國政府立即對他發出臨時拘捕令，並要求香港政府把他拘捕，引渡回美國受審。

6月12日，斯諾登又接受《南華早報》訪問，揭發更多資料。他說NSA自2009年已入侵香港和中國內地的電腦網絡，監控政府官員、商界人物和學生。其中一個入侵目標是香港中文大學的「香港互聯網交換中心」；那時是全港網絡樞紐，美國可以通過它竊取全港400萬個用戶的資料。

　　香港成為國際傳媒的焦點。我離開倫敦之前，BBC 中文網找我做專訪，問我對斯諾登事件的看法。我回應說：第一，香港與美國有互相引渡協議，如果美方提出引渡斯諾登的要求，香港政府一定依法辦事。第二，對於斯諾登揭露有香港的機構和個人長期被美國政府監控，特區政府應進行調查，維護港人權利。第三，根據《基本法》，如果事件涉及國防和外交，須由中央政府處理。

　　我回到香港時，全城鬧哄哄的都在議論斯諾登。美國被揭發肆意入侵中國和香港的電腦系統，令很多港人震驚和憤怒。對於香港政府應否應華盛頓的要求，把斯諾登引渡回美國，民調顯示，有一半港人反對引渡，支持的不到兩成。有團體到美國領館外示威，高叫「逮捕奧巴馬，釋放斯諾登」。

　　立法會各黨派議員紛紛就事件發表意見：李慧琼要求華盛頓就竊聽活動道歉；梁美芬認為斯諾登洩密屬政治罪行，特區政府不應把他引渡回美國；毛孟靜和范國威去信美國總統奧巴馬，建議美國政府善待斯諾登，不追究他洩密的法律責任；湯家驊提出在立法會會議進行休會辯論，討論香港網絡安全問題；涂謹申建議邀請斯諾登到保安事務委員會作證，這引起其他議員熱烈地討論怎樣保障他安全地出席會議。

不能披露

美國政府和政界從「斯諾登炸彈」的震盪恢復過來後，立即展開了鋪天蓋地的攻勢，對斯諾登進行「人格謀殺」，説他讀書不成、心理不平衡、自戀狂；又指他是逃兵、叛徒、賣國賊、中國間諜。

2013年6月17日晚上，斯諾登在香港的一個秘密地點，通過《衛報》網站回答網民提問。他反駁美國前副總統切尼和部分傳媒給他扣上「中國間諜」帽子的抹黑言論，指這些言論只是意圖為美國政府惡行敗露轉移視線；他説他從來沒有和中國政府接觸過。

斯諾登又預告，他將提供更多關於美國 NSA 竊取個人隱私的細節。

6月19日的立法會會議，第一個和最後一個事項都是關於斯諾登事件。第一個事項是馬逢國提出的急切質詢，要求特區政府交代斯諾登事件的最新發展。馬逢國問：第一，當局有否採取有效措施，確保香港網絡和電腦不被入侵；第二，對於美國入侵香港和內地的電腦系統的指控，特區政府有否與美國當局提出跟進；第三，特區政府有否接獲美國政府關於引渡斯諾登的要求，有否評估斯諾登的人身安全是否受到威脅。

一共有23名議員提出補充質詢，向政府追問。跟一般質詢情況不同，追問的大半是建制派議員。他們都咬住兩個問題不放：特區政府

對美國入侵香港電腦系統如何處理，以及如何保障斯諾登的安全和權利。

　　回答議員質詢的是時任保安局局長黎棟國。他回答的主調是：特區政府會嚴格按照香港的法律和程序辦事，但政府不能披露已經採取或將會採取的行動細節。他說：「這個案非常複雜，我們希望公眾理解政府不能披露或討論個案細節的立場。」雖然他「回答」了議員 20 多條問題，但對於特區政府怎樣評估香港網絡被入侵的嚴重程度、有否向美國提出交涉、如何處理斯諾登的安全和去留問題等，他沒有透露半點實質的訊息。

　　該次會議的最後一個事項，是由內會主席梁君彥提出的休會辯論，討論「網絡安全」問題。一共有 25 名議員發言，其中大半是泛民議員。發言的建制派議員齊聲譴責美國政府侵犯網絡自由和個人私隱，又認為特區政府不應移交斯諾登。泛民議員除了指摘特區政府沒有能力保障香港的網絡安全和市民的私隱外，也沒保留地批評美國監控網絡的行徑，有意洗刷袒護美國的形象。

　　負責回應的政府官員仍是黎棟國。他幾乎整篇發言都是講政府維護網絡安全的一般做法，到最後一段才提到斯諾登，並且只是重複「個案非常複雜，希望議員理解政府不能披露或討論有關細節」的說法。

　　4 天後，特區政府終於打破緘默，發表聲明說斯諾登已「自行循合法和正常途徑」離開香港，前往第三國。聲明解釋，美國政府曾要求特區政府向斯諾登發出臨時拘捕令，但由於美國政府的文件未能全面符合香港法律上所需的要求，特區政府並無法律依據限制斯諾登離境。聲明又說，對於有報道指香港有計算機系統被美國政府機構入侵，特區政府已向美方致函正式要求解釋。

同仇敵愾

香港放走斯諾登，美國政府大為惱火。傳媒報道，有美國官員說，香港在斯諾登事件上破壞了和美國的合作關係，這將影響磋商中的港人赴美免簽證入境待遇。當時即將離任的美國駐港總領事楊甦棣（Stephen Young）在香港公開發炮，聲稱香港政府沒有阻止斯諾登離港，令華府十分失望；美國與香港的互信關係經已動搖，要修補十分困難。他警告說，香港不能再指望美國繼續將它與中國其他地區區別，給予特殊優待。又說：「華府通常不會輕易想起香港；但現在一想起香港就是負面印象。」作為一名派駐香港的外交官，他的這些公開言論實在非常過分。

港人對斯諾登事件的取態相當一面倒：多數人關注美國入侵香港網絡的問題多於斯諾登應否遣返美國；對於美國政府一直迴避問題，不肯回應斯諾登的指控，只是不斷轉移視線，港人十分反感；沒有多少人因為美國恐嚇要懲罰香港而反對放走斯諾登。有評論指出，美國根本無意給港人免簽證入境，不管有沒有發生斯諾登事件。至於美國官員威脅要取消對香港的特殊待遇，似乎沒有人真正擔憂。

在 7 月 12 日的立法會內務委員會會議上，時任保安事務委員會主席的民建聯議員葉國謙提出要跟進斯諾登有關美國政府入侵香港電腦系統的指控。葉國謙建議由內務委員會主席致函美國參眾兩院，敦促美國國會就斯諾登的指控要求美國行政當局交代。這建議獲得全體議員一致支持。發言的多名議員，不分建制泛民，同仇敵愾，齊聲譴責美

國政府侵犯港人私隱的行徑。不少議員都認為，信件應由立法會主席發出，而且除了發給參眾兩院之外，還應發給美國行政當局，對監控活動提出強烈抗議；這成為會議的決定。

由葉國謙提出的建議，竟然得到何俊仁、涂謹申、李卓人、毛孟靜、何秀蘭、梁國雄和黃毓民的熱烈支持，這在歷史上是獨一無二的。

我應內會的要求，以立法會主席的名義，代表香港特別行政區立法會，分別寫信給美國總統奧巴馬、參議院議長拜登（即後來成為第46任美國總統的 Joe Biden）和眾議院議長博納（John Boehner），表達對斯諾登指稱美國入侵香港電腦系統的深切關注。我在信中說，對於美國行政當局被指監控及入侵香港的通訊網絡，香港市民感到震驚；香港立法會譴責美國行政當局的如此行徑。給美國總統的信說，我們要求美國行政當局盡快全面交代對香港市民的監控活動；給兩院的信，敦促他們要求美國行政當局交代。三封信送到美國駐香港總領事館轉交。

2012-13 年度最後一次立法會會議的最後一項議程，是馬逢國提出的跟進斯諾登事件的議案：「鑑於美國前中央情報局技術員斯諾登先生於媒體的訪問中，披露了美國政府監控和入侵本港通訊網絡一事，本會就此向美國政府表達強烈不滿，並促請特區政府要求美國政府予以澄清，以維護香港網絡通訊的安全，並確保香港市民的私隱得到保障。」

議案經單仲偕作輕微修正後，獲全體在席議員一致通過。

破冰飯局

中聯辦主任張曉明、副主任王志民以及多名中聯辦官員，2013年7月16日來到立法會大樓宴會廳，與一眾立法會議員一起出席我主持的午宴。這是破天荒第一次有中聯辦官員進入立法會大樓和議員聚會，傳媒稱之為「破冰飯局」。

有評論認為這次聚會是經過「精心策劃」的；這大概接近事實。我在5月底向張曉明提出請他到立法會和全體議員接觸，他很爽快地表示可以考慮；其後我再和中聯辦的官員溝通，大家同意午宴是最合適的安排，於是進一步敲定細節。

我同時向立法會裏各黨派「摸底」，探聽他們對我邀請張曉明出席立法會午宴的看法。建制派都十分支持；泛民議員大部分反應也很正面，只有個別人表示有保留，擔心會令公眾得到中聯辦「君臨」立法會的印象，建議飯局不如另覓場地，不要設在立法會大樓裏。經一再商量，主流意見仍是支持在大樓裏設宴。一些慣常以出位動作表達意見的議員，也同意掌握分寸，不會令來賓難堪，堵塞了日後繼續溝通的途徑。

中聯辦方面對這次聚會的準備工作鄭重其事；他們的工作人員和立法會秘書處緊密合作，做好每一個環節的安排。午宴日期確定後，我在7月初向張曉明發出正式邀請；收到他的回覆後，再通過秘書處向全體議員發出邀請通知。午宴前大約一個星期，雙方確定了出席名單

和活動流程。中聯辦方面亦知道，有泛民議員會當場做一些遞信、送「禮」的動作，張主任要作好應對的準備。

果然，張主任一行進入宴會廳就座後，多名泛民議員便輪流上前送「禮」：劉慧卿送上戴耀廷寫的《佔領中環》；涂謹申送上關於菲律賓人質事件的請願信；李卓人交來一疊他說是以前中聯辦拒收的信件；范國威送上一幅「表示港人爭取普選決心」的《愚公移山圖》；梁國雄送上一本《歷史的先聲》以及魯迅詩《自題小像》；陳志全和陳偉業送上一本《來生不做中國人》。最別出心裁的「禮物」是馮檢基自行製作的裝有帽子和箥箕的船，他解釋是喻意普選「無篩選」。

所有「送禮」的議員，遞過了「禮物」便退下，沒有任何不禮貌的動作；而張主任則態度從容，臉上保持微笑，一一接過「禮物」。

按商議好的程序，在宴會開始前，我先致簡短的歡迎詞，然後請張曉明發表約 15 分鐘的講話。在這類場合講話，我本來習慣了不準備書面講稿；但中聯辦建議事前互相交換講稿徵求對方意見。我於是寫了一篇約 400 字的歡迎詞送了過去，他們也給我送來張曉明 2000 多字的講話稿，徵求我的意見。我看了之後，覺得內容頗為得體、相當合適，便回覆說我沒有修改建議。

我對自己憑記憶發表講話的能力是頗為自豪的：一篇半小時以上的演說，我可以不拿講稿，準確地把它講完，不會有錯漏。那篇 400 多字的歡迎詞，我更有把握憑記憶把它念出，跟先前交的講稿不差一個字。

想不到張曉明的本領不比我差：他 15 分鐘的講話沒有看講稿；除了對「送禮」議員的臨場回應，他說的竟和他給我看過的稿子完全一致！

一團和氣

　　張曉明在立法會午宴上講話的主要內容，是表達「三點願望」：第一，願意與香港各界人士包括立法會議員真誠溝通；第二，願意協助立法會組團到內地參觀、考察、訪問、研習；第三，願意與香港各界人士一道努力實現普選。議員們最留意的，當然是第三點。

　　張曉明首先強調，中央政府支持香港實現普選的立場和誠意是不容懷疑的。然後他指出，香港邁向普選目標的起點和跑道是《基本法》和全國人大常委會的有關決定；要盡快到達終點，必須在這軌道上往前走，而不是走彎路。他又說：香港不是一個國家，而是中華人民共和國一個享有高度自治權的地方行政區域；有關普選制度的設計必須遵循「一國兩制」的原則，必須處理好香港特別行政區和中央政府的關係，確保國家主權、安全和中央政府依法享有的權力得到保障。

　　在談普選的最後一段，他加上了對馮檢基送他筲箕的回應：「有議員剛才送我一個篩子，廣東話叫『筲箕』。篩子何罪之有？我們祖先發明出篩子，那是一種智慧。不然，怎麼能從一大堆稻穀中挑選出優良品種，淘汰掉稗籽呢？」

　　對於一直要求普選「無篩選」（即不應通過提名機制把中央政府不喜歡的候選人篩掉）的泛民議員，張曉明這些話當然不中聽。不過，張曉明說話時態度誠懇，還帶點幽默，沒有擺出令人反感的訓話姿態，會場氣氛保持輕鬆和諧，泛民議員都沒有作出抗議的反應。

出席午宴的中聯辦官員和泛民議員在席間交談，氣氛融洽。和我一起坐在主賓席的有各黨派的主席、黨魁或代表；主賓席的中聯辦官員除了張曉明主任和王志民副主任，還有綜合工作部部長曹二寶。泛民議員大多數沒見過曹二寶，但對他的名字並不陌生。他是「第二支管治力量」的倡議人：2008年，曹二寶在中共中央黨校刊物《學習時報》上發表文章，提出內地從事香港工作的幹部應組成香港的「第二支管治力量」。文章在香港曝光後，被理解為中聯辦要成為香港的第二權力中心，引起了一番炒作，這大概是曹本人沒料到的。於是曹的「第二力量論」便被視為中聯辦干預香港事務的自供狀，不時被人引述。

2012年行政長官選舉，曹二寶又聲名大噪：他被指為代表「西環」支持梁振英的主將，還被傳曾「喝令」時任特首辦主任梁卓偉阻止立法會調查梁振英的「西九門」（梁在西九龍填海概念規劃比賽中任評審時被指涉利益衝突而未有申報）。

難得有機會與曹二寶同枱食飯，在他鄰座的梁家傑自要對他「審問」一番。我看到曹二寶十分健談，對梁家傑似乎有問必答。午宴後，梁家傑對傳媒透露，曹二寶向他解釋，他其實沒有建議設立「第二支管治團隊」，只是說中聯辦有權在香港行使《基本法》賦予的權力。梁家傑又說，曹二寶向他否認中聯辦在選舉中為候選人助選。

在另一席，湯家驊與中聯辦法律部部長劉新魁也談得很投契。湯家驊告訴傳媒說，部長和他談論了很多法律問題，他希望未來中聯辦對公民黨的態度有所改善。

黑箱作業

張曉明在立法會午宴的表現，贏得各方一致好評，提高了人們對中央政府與泛民主派改善關係的期望。

在總結立法年度的記者會上，我指出立法會午宴是中聯辦官員和泛民主派議員交流的好開始，我希望良好的互動可以繼續發展。我又表示，對2017年可以普選行政長官，我較數月前樂觀。我當然不敢低估泛民和中央之間的分歧：我知道中央對行政長官選舉要保證「零風險」，和泛民要求的「無篩選」大相逕庭。但我相信，只要各方竭誠合作，理性討論，務實磋商，總可以找到共同接受的方案。特區政府計劃在2013年底啟動政改諮詢；中央政府和泛民主派愈早開展對話，達成共識的機會便愈高。

立法會在10月復會之前，有消息傳出，張曉明主任計劃在中聯辦大樓設宴回請立法會議員，宴會可在年底前舉行。我認為這是十分正面的訊息，表示中央政府有意和泛民維持溝通對話的關係，為即將開展的政改諮詢營造良好氣氛。

誰知復會後不久，泛民和中央政府的關係竟急速惡化。引起衝突的問題，是特區政府發出免費電視牌照的決定。

2013年10月15日，政府宣布，對於三家電訊商的免費電視牌照申請，行政長官會同行政會議決定，原則上同意向其中兩家——有線

寬頻旗下的奇妙電視和 now 旗下的香港電視娛樂——發出新的免費電視牌照；另一家電訊商——王維基主理的香港電視網絡，則不獲發牌。

這消息令很多人大感意外和失望，因為在三家申請機構中，香港電視網絡表現最積極：過去一年，該公司大張旗鼓招兵買馬，製作了多部電視劇，並且做了大量宣傳，引起廣大電視觀眾的熱切期待。香港電視網絡不獲發牌，數百員工失業，公眾期待落空。

兩天後，在立法會新會期的第一次行政長官答問會上，議員追問政府審批電視發牌的程序和作出決定的理據。行政長官梁振英回答說，第一、有人要對行會的決定提出司法覆核，既要展開訴訟，政府不宜就事件作評論；第二、行會討論內容必須保密；第三、有關討論和決定理據涉及商業秘密，不能公開。一句話：無可奉告。

三家電訊商的免費電視牌照申請是在 2009 年 12 月至 2010 年 3 月間先後提出的。據政府向立法會提交的文件披露，早在 2011 年 5 月，前廣播事務管理局（2012 年 4 月 1 日由通訊局取代）已完成對申請的評核工作，認為三家申請機構都符合法律要求，並具備所需財力、專門知識以及傳送基礎設施，於是向行政會議建議增發三個免費電視牌照；但行會拖到上屆政府任期屆滿仍未有作出決定。立法會議員十分關注當局處理有關申請的進度；在 2012 年的多次立法會會議上，都有議員就這問題向政府提出質詢。政府每次都回應說，行會正審慎處理有關申請，作出決定後會盡快公布。

政府終於不採納廣管局的建議；但既沒解釋為什麼要「三選二」，又拒絕交代香港電視網絡的「死因」。有議員便提出要動用「權力及特權法」打破發牌的「黑箱作業」，迫使政府交出有關文件。

第六章　對抗勢成

西環出手

　　2013年10月20日，即政府公布免費電視發牌決定後的星期日，香港電視網絡員工和大批市民上街遊行，要求政府向港視發出免費電視牌照，以及解釋拒絕發牌的理由。這是2012年「反國教」之後規模最大的示威；數以萬計的示威者由銅鑼灣出發，遊行至政府總部集會。

　　立法會資訊科技及廣播事務委員會（ITBP）決定11月8日召開特別會議，討論電視發牌問題。莫乃光等多名泛民議員認為，立法會應授權ITBP行使《立法會（權力及特權）條例》（「特權法」）授予的權力，命令政府提供審批免費電視牌照申請過程的有關文件。

　　在10月25日的內務委員會會議上，莫乃光提出議案，建議請求立法會授權ITBP行使「特權法」的權力。多名泛民議員都發言支持；建制派議員則表示有保留，擔心會衝擊行政會議的保密原則，但他們也批評政府的處理手法，認為政府應披露更多資料，向公眾交代。

　　在大多數建制派議員反對下，內務委員會否決了莫乃光的議案。這不等於排除了ITBP動用「特權法」的可能：莫乃光已經作出預告，在11月6日的立法會會議上動議授權議案。內會決定的作用是程序性的：如果議案獲內會通過，便可向立法會主席建議免卻預告，提早在10月30日的大會上由內會主席動議該議案。議案不獲內會支持，莫乃光仍會按原來預告，在11月6日的大會提出。

部分建制派議員表示將對授權議案投贊成票。自由黨黨魁田北俊表示，立法會議決動用特權法，如果索取的資料不包括行會討論的內容和商業秘密，自由黨5名議員將全投贊成票。謝偉俊和梁家騮也表明會投贊成票；梁家騮在內會上已投票贊成，謝偉俊則因感冒沒有出席內會會議。另外還有幾名建制派議員顯得舉棋不定，一直不透露投票意向。

　　11月6日下午，立法會會議開始處理莫乃光動議的議案。為爭取議案獲得通過，郭榮鏗提出修正案，從要索取的文件中明確剔除了行政會議的商議內容和相關紀錄，以及任何涉及商業秘密的資料。辯論在下午5時左右開始；至傍晚，大批市民湧到政府總部，6時半已坐滿整個廣場。晚上10時，我宣佈會議暫停，集會的市民陸續散去。翌日上午會議恢復，有市民回來聚集，但人數已遠少於前一晚。

　　辯論下午結束，會議先就郭榮鏗的修正案進行表決。贊成的人數多於反對，但由於功能組別議員中贊成的不及半數，議案被否決。原議案沒有排除索取行會資料和商業秘密，於是自由黨不支持。對原議案的表決，泛民議員全部贊成，建制派4人棄權，其餘全部反對；議案被否決。

　　這結果本來不應令人感到意外，卻帶來一個意想不到的後果。有報道說，建制派在動用「特權法」的問題上最終全部「歸隊」，是因為「西環（中聯辦）出手」。先前公開承諾支持議案、最後投了棄權票的謝偉俊，公開承認「西環」曾有人和他接觸；投了贊成票的梁家騮也向傳媒透露，「西環」找過他談電視發牌問題。於是引起了一場關於中聯辦干預香港事務的爭論。

關係破裂

　　對於泛民指摘中聯辦影響立法會議員的投票意向、干預特區事務，《文匯報》和《大公報》（「兩報」）即時作出回應，分別發表署名文章，指中聯辦出手「捍衛行政主導體制」、「支持特區政府依法施政」，是「天經地義」。

　　文章說：「中聯辦為了支持特區政府依法施政，就不可能不接觸立法會議員。」「反對派提出用特權法調查免費電視發牌，直接衝擊行政主導，違反《基本法》的規定，有顛覆特區政治體制危險。中聯辦歷來支持特區政府依法施政，即使中聯辦官員就這件事與議員交換意見，又有何不可？」「在關係到《基本法》能否維護實施這一大是大非問題上，中聯辦如果不管不問，那就是失職。」

　　兩報的文章都提及《維基解密》2011年披露的關於泛民與「美國等西方勢力」密切往來的資料，指反對派「邀請美國等西方勢力干預特區政府依法施政和干預香港選舉事務」，而「對中聯辦人士接觸議員討論支持特區政府依法施政問題，卻說成是中聯辦干預特區政府施政，這完全是賊喊捉賊」。《大公報》的文章把泛民叫做「反中亂港的賤骨頭」，認為對他們「就要強硬、強硬、再強硬」，「讓他們由不習慣，慢慢地變習慣吧！」

　　兩報一向被視為官方喉舌，這些文章在兩報發表，無異於「西環」向泛民宣戰；張曉明主任先前在立法會午宴上釋出的善意，被洗刷得

一乾二淨。兩報文章充滿敵意的語言,其實毫無必要。承認中聯辦曾經和他們接觸過的謝偉俊和梁家騮,都一再強調對方只是和他們「交換意見」,沒有向他們施壓;而事實上梁家騮在和中聯辦接觸後並無改變他支持動用特權法的立場。

如果中聯辦的官員用溫和的語言、說理的態度,解釋他們跟議員交流的目的是支持特區政府依法施政,自可消除「干預特區事務」的疑慮,亦不致弄到和泛民的關係完全破裂。

事件反映了中聯辦宣傳工作存在的問題。《大公報》文章的作者蔣蕆元,原來是一名騙徒,在北京犯了騙案逃到澳洲,後來潛回香港,因擅長寫打手文章,贏得中聯辦掌管宣傳的領導賞識,成為御用文痞,在領導授意下發表了大量罵人的極「左」文章。他得意忘形,忘記了自己仍是北京的通緝犯,行事愈來愈招搖,結果引起內地當局注意,2014年5月被內地公安拘捕,從此銷聲匿跡,重用他的中聯辦官員其後被調回內地當文史館長。這名曾經主管宣傳的官員對中聯辦的工作造成的傷害,難以估計。

兩報聲討「賤骨頭」的文章發表後兩天,各泛民黨派都到中聯辦大樓外示威,抗議中聯辦「遙控」立法會投票,諷刺中聯辦是建制派否決引用特權法調查電視發牌事件的「幕後黑手」,批評中聯辦漠視「港人治港、高度自治」。

在這種氣氛下,中聯辦回請立法會議員的計劃,當然要泡湯了。

被傳媒問及會否出席中聯辦回請議員的宴會,有泛民議員回應說:「我們怎能今天到中聯辦大樓示威抗議,明天卻進入大樓出席宴會?」有人更說:「他們把我們看做賤骨頭,回請我們豈非作賤自己?我們接受回請豈非等於支持西環治港?」

中央立場

　　2013 年 10 月 17 日，行政長官梁振英在立法會的答問會上宣布成立「政改諮詢專責小組」，由政務司司長林鄭月娥、律政司司長袁國強和政制及內地事務局局長譚志源 3 人組成，準備在年底啟動 2017年行政長官和 2016 年立法會產生辦法的公眾諮詢。

　　在此之前，各泛民黨派已提出了不同的「真普選」方案，其中多個方案都包含「公民提名」。

　　11 月下旬，林鄭月娥邀請了李飛和張榮順來香港訪問。李飛時任全國人大常委會副秘書長兼香港基本法委員會主任，張榮順則任全國人大常委會法制工作委員會副主任兼基本法委員會副主任。林鄭向傳媒介紹二人訪港行程時強調，他們是《基本法》專家，對特區以往的政制發展有深入的參與，「對我們往後啟動政改諮詢工作，相信有非常大的幫助。」

　　兩人在香港逗留 3 天，行程緊密，除了出席行政長官梁振英的款待晚宴屬禮節性活動外，其餘各場活動都是和不同的人物交流對政改的意見，包括：與律政司官員會面；與問責官員、常任秘書長、政府部門首長以及行政會議非官守議員座談；分別會見大律師公會和律師會的執行委員會；以及出席由林鄭月娥主持的百人午宴。

　　林鄭主持的午宴在禮賓府舉行。獲邀出席的嘉賓包括基本法委員

會香港委員、基本法推廣督導委員會代表、商會代表、十八區區議會主席、智庫代表，以及 7 名立法會議員——立法會主席、內務委員會正副主席、政制事務委員會和司法及法律事務委員會的正副主席。近百名嘉賓中只有兩名泛民代表，即立法會內會副主席湯家驊和司法及法律事務委員會副主席郭榮鏗。

泛民議員對兩位中央官員沒有安排和各黨派會面十分不滿；他們在兩人抵港前聯名寫信給林鄭月娥，指特區政府有責任讓中央官員在訪港期間聽到不同意見，應安排李張二人與泛民議員及民間團體會面；信中又表示堅決反對中央為普選方案預設篩選框架。林鄭公開回應説：未能出席午宴的議員可以放心，因為政改諮詢已定於 12 月啟動，在諮詢期間政府一定會聽取所有立法會議員的意見。

泛民議員沒有機會向李飛表達意見，但他們並不會錯過李飛説的話。李飛在官員座談會以及午宴上的兩篇講話，特區政府都全文發表了。

李飛在講話中指出，行政長官晉選問題的討論，主要焦點在候選人提名制度上。他沒有正面評論「公民提名」，但他強調，《基本法》規定普選行政長官時要由一個「有廣泛代表性的提名委員會按民主程序提名」；提名委員會的組成應參照選舉委員會；候選人提名權屬於提名委員會，提名的性質是「機構提名」。這等於否定了公民提名。

李飛又重申喬曉陽先前提出的「與中央對抗的人不能擔任行政長官」的要求。他説：「如果沒有這一條要求，『一國兩制』的安排就行不通，《基本法》的許多規定就行不通。」這就是説不能對候選人「無篩選」。

李飛來港，宣示了中央對行政長官普選辦法的立場，給政改諮詢定了調。

諮詢議題

　　2013年12月4日，特區政府發表《2017年行政長官及2016年立法會產生辦法諮詢文件》，宣布為期5個月的政改諮詢正式開始。政務司司長林鄭月娥出席當天的立法會會議，就諮詢文件發表聲明。她說，自特區成立以來，香港的政治體制一直按照《基本法》的規定，朝着普選的最終目標發展：行政長官選舉委員會的規模循序漸進地擴大，立法會直選的比例也不斷增加。

　　林鄭接着指出：全國人大常委會2007年12月作出決定，明確訂立香港的普選時間表，即2017年行政長官可由普選產生，在行政長官由普選產生後，立法會全部議員亦可由普選產生。她憶述她當年聽到這決定時的感受：「我還記得當時身為發展局局長的我，與同事一起在禮賓府出席簡介會，聽到前全國人大常委會副秘書長喬曉陽先生親自說，香港有自己的普選時間表，我是感到十分高興及期待的。2017年，將會是香港首次以普選方式產生行政長官……」

　　林鄭說到這裏，黃毓民在座位上大叫：「奴才！共產黨的奴才！……」我馬上制止他並給予警告。

　　林鄭月娥繼續說下去：「2017年將是香港首次以普選方式產生行政長官；《基本法》訂下的最終目標普選行政長官已然在望。」她指出，修改行政長官和立法會產生辦法，須完成5個步驟的程序；她把這程序叫做「五步曲」（黃毓民後來提問時揶揄林鄭用錯字，指「五步

曲」是「五部曲」之誤）。林鄭強調，這「五步曲」是必須經過的憲制程序；中央、行政長官、特區政府、立法會以至社會各界，都必須嚴格依法處理政制發展有關議題。

林鄭闡述了諮詢文件提出的有關行政長官和立法會產生辦法的「重點議題」，表示政府要就這些議題諮詢公眾。關於 2017 年行政長官產生辦法的重點議題是：提名委員會的人數和組成、選民基礎和產生辦法；提名行政長官候選人的程序；普選行政長官的投票安排，以及任命行政長官的程序與本地立法的銜接。至於 2016 年立法會產生辦法，重點議題是：立法會的議席數目和組成；功能界別的組成及選民基礎；分區直選的選區數目和每個選區的議席數目。這就劃定了政改諮詢的範圍；有些問題，例如行政長官是否須由「愛國愛港」人士擔任？功能界別議席是否要取消？分組點票的規定可否改變？都不屬於諮詢範圍。

林鄭的聲明最後說：「今天，我們已經正式進入迎接普選的『大直路』。……我希望藉此機會，促請在席各位議員、各黨派，以及廣大市民，在諮詢期內能夠抱着包容、務實、理性、求同存異的態度，懷着最大的誠意，凝聚最大的共識，令大家殷切期盼的 2017 年普選行政長官，得以成功落實……特區政府今天發表諮詢文件，展開公眾諮詢，踏出了第一步。未來，掌握在大家手中。」

按照《議事規則》，議員不得就聲明進行辯論，但可向官員提出與聲明有關的簡短問題。我容許了三十多名議員提問；大多數議員都借提問發表對政改的意見，泛民議員表達對「真普選」的訴求，建制派議員則強調普選方案須符合《基本法》。

心魔作祟

　　對於特區政府開展的政改諮詢，建制派積極響應，表示要通過各種途徑收集市民對政改的意見。他們已清楚知道中央政府對普選行政長官的底線；普選能否實現，就看中央的方案在泛民陣營中能否拿到足夠的支持票。泛民陣營對諮詢文件表示失望和不滿，認為政府已為普選設下重重關卡，現在只是「假諮詢」。「佔領中環」發起人戴耀廷批評諮詢文件「有引導性」，預告在元旦遊行中要進行首次「普選原則民間公投」，為「佔中」作準備。

　　兩個陣營裏都有不少人堅持強硬立場，認為不可以作出任何讓步。建制陣營裏強硬派的態度是：中央的方案不能改，你要就接受，不要就拉倒，什麼也沒有。泛民的強硬派則決意要通過「佔中」一類的抗爭，迫使中央接納「真普選」。

　　但兩個陣營也各有「妥協派」，或者被欣賞他們的人美稱為「開明建制派」和「溫和民主派」。他們相信對立的雙方應以互諒互讓的精神，開展對話磋商，尋求一個雙方可以接受的方案，政改才有望成功。我一直都懷着這樣的信念；而且我更認為，不論從中央政府抑或從泛民的角度來看，能夠通過一個大家都認為可以接受的方案，哪怕是一個大家都覺得不理想的方案，比不通過任何方案要好得多。我真的相信，如果2017年普選行政長官的目標不能實現，香港將難以管治。

　　有一些朋友同意我的想法，並且願意和我一起嘗試促進兩個陣營

之間的對話，希望提高達成共識的可能性。當中最積極的是馮可強和戴希立。

我和馮、戴二人認識了數十年，但接觸的機會不多；至 2012 年行政長官選舉，最積極鼓勵我參選的人，包括香港政策研究所的主席葉國華、行政總裁馮可強和董事戴希立。其後我和馮、戴二人便經常見面，就香港的政治問題交換意見。我們對許多問題都有相近的看法，尤其對 2017 年普選行政長官。

我們覺得應該建立一個民間政改平台，把關注政改又願意坐下來談的各方人士拉到一起，提倡以對話代替對抗，尋求共識。馮、戴二人都覺得，我作為立法會主席，是召集這個民間平台的合適人選，因為我跟立法會裏各黨派都可以溝通，與許多經常發表政治評論的學者和傳媒人亦有聯繫。除此之外，我還有一項「優勢」，令人們對跟我「埋堆」不存顧慮：大家都相信我無意競逐行政長官，或者即使有意競逐，「入閘」的機會也等於零，因為我不時發表的「出位」言論，令我不可能被北京接受成為行政長官候選人。

在我說過的令北京和建制人士氣惱的話當中，最罪無可恕的是「心魔論」。在 2013 年 9 月我和傳媒的一次茶敍，談到普選行政長官，我說，中央擔憂有不能合作的人參選甚至勝出；但是，「零風險」的政改方案是無法獲得立法會三分二支持通過的。我接着說：「政改成功與否，繫於中央一念之間；如果中央把心魔移除，不堅持排除某些人參選，政改討論便海闊天空。」

這番話，令我成為愛國陣營的箭靶。事隔多年，仍有知情人士告訴我，我的「心魔論」毀掉了北京對我的信任。

釣王飯局

　　我和馮可強、戴希立組織了多個論政飯局，通過我們各自的人脈，邀約不同的人選參加，有各黨派的立法會議員，也有其他活躍於政圈裏的人士。其中較早的一個飯局曝了光，傳媒報道了出席者的名單：除了馮、戴和我，還有梁愛詩、梁錦松、羅范椒芬、馬逢國、張志剛、紀文鳳、程介南和張家敏。

　　這組合也真有點不簡單，難怪引起傳媒的興趣。當中有幾位是堅定的「梁粉」，在梁振英競選行政長官時出了不少力。他們很有理由懷疑我的用心，畢竟很多人以為我是跟梁振英作對的；但他們也來了，而且提出了許多坦率的意見。飯桌上的討論十分熱烈，雖然各人的見解有很大的分歧，甚至對最根本的問題——2017年實行普選是否對香港有好處——看法也不一致。

　　最引起傳媒關注的參與者是曾任董建華政府財政司司長的梁錦松。他出席了3次我們的飯局之後，忽然有一家網媒拿他轉職的新聞來炒作：2013年11月，南豐集團宣布梁錦松將辭去黑石集團（Blackstone）大中華區主席的職務，翌年2月起出任南豐行政總裁。

　　網媒問：阿松「為何要由跨國大基金轉職香港公司，長駐本地工作？」然後又自作解答：阿松和曾鈺成一起出席了3次政界飯局，「明顯是為將來參選特首熱身」；又說：「曾鈺成自知年紀略大，加上背景甚『紅』，出賽選特首有難度，所以將來若自己能選會自己參選，若形

勢不適合自己參選，就會支持梁錦松出賽，兩人已有一定默契，『行孖咇，一齊玩』。」這說法頗有創意，雖甚無稽，仍引起不少人的興趣，為我們的飯局做了很好的宣傳。

有關飯局的報道說，我們第一次是談政改方案，後兩次則改談管治問題。這倒準確。我們希望推動各方面就政改進行對話磋商，現階段不可能由我們提出一個有把握獲各方接受的方案；所以繼續討論政改方案，意義不大。但普選不一定帶來管治水平的提高；普選了行政長官，特區的管治如何改善，仍然要研究。以我們各人的背景和經驗，對特區的管治問題當有中肯的見解。如果我們能夠討論出一套有效改善管治的建議，下一任行政長官不管是誰，都會用得上。

我相信我們對管治問題的討論可以吸引更多有心從政的人，除了特首人選，未來的問責官員和議員也會有興趣參與。有人說我搞這些飯局是為 2017 年競選行政長官熱身；也有人說我要做 kingmaker，我無意「做王」，也無意「造王」；我玩個文字遊戲，對傳媒說我是 kingfisher，「釣王者」，搞個釣魚台，把有意從政的人「釣」出來。

除了搞飯局，我和馮可強又同《明報》編輯部合作，組織了幾場「特首普選與有效管治系列座談會」。先後出席座談會的人包括政界的田北俊、周梁淑怡、羅范椒芬、李永達、李慧琼、湯家驊、郭榮鏗和陳家洛，以及學者方志恒、葉健民、呂大樂、馬嶽和蔡子強等；討論的議題包括政黨在特區管治的角色、行政會議的去向、普選後立法會選舉辦法等。《明報》把每次座談會裏各人發表的意見作了詳細報道；馮可強亦就每次討論的題目撰寫文章，在報章上發表。

百鳥爭鳴

在一系列政界飯局和論壇上，我聽取了許多關於香港政治情況和管治問題的見解，令我更加相信：第一，如果2017年不能普選行政長官，香港將難以管治；第二，即使實行了普選，不等於可以保證香港有良好管治。香港在政治、經濟和社會各方面的發展，積累了很多問題，需要通過嚴謹深入的研究找出解決方向。我在立法會退下來後決定從事政策研究，念頭就是該段期間和馮可強、戴希立等人組織研討活動時萌生的。

不過那是後話；當時人們的注意力還是集中在普選行政長官的方案。民間人權陣線組織的2014年元旦遊行，由宣布了參加「佔中」的團體帶頭，舉着「立即落實真普選、公民提名無篩選」的標語。遊行人數並不多（民陣稱有3萬人，警方指高峰時有11100人）；隊伍裏有人揮舞龍獅旗、前港英殖民政府旗幟、美國旗、台灣旗和藏獨旗，彷彿要把爭取普選和改變香港的政治地位聯繫起來。遊行結束後，民陣晚上在遮打行人專用區舉行集會，「預演佔中」，戴耀廷在場講解。

有6萬多人參加了「佔中」組織者元旦日舉辦的「行政長官普選原則民間全民投票」，投票結果有九成以上支持公民提名。這是意料之中：不贊成公民提名的人，大概也不會參加這次投票。

2013年底到2014年初，非建制黨派和組織紛紛提出各自的普選方案。其中最受傳媒重視的包括：由所有泛民政黨和多名親泛民學者

組成的「真普選聯盟」提出的「三軌制提名」方案——在提名委員會提名之外，加上政黨提名和公民提名；由黃宏發、張達明、羅致光、方志恆等18名學者聯名提出的「公民推薦」方案——參選者先取得7萬至10萬名選民推薦，然後獲得八分一提委會委員提名，便成為候選人；由陳方安生任召集人的「香港2020」提出的改革提名委員會方案——增加提委會人數，廢除公司及團體票，加入分區直選產生的委員，降低提名門檻。

基本法委員會委員、香港大學法律學院教授陳弘毅也提出一個「兩階段提名」方案：第一階段由提委會成員個人聯合推薦參選人，第二階段由全體成員對推薦名單投票，名單上獲最高票的5人成為候選人。陳弘毅聲稱，他的方案既符合「機構提名」的原則，又有民主成份。

立法會政制事務委員會在2014年1月中連續兩個星期六舉行政改諮詢公聽會，每天從上午9時至下午7時半，聽取了接近300個團體代表和個別人士對行政長官和立法會產生辦法的意見。出席公聽會發表意見的人，大部分是來自建制和泛民兩大陣營的政黨代表、社團領袖、區議員和地區活動分子，發言基本上是重複申明所屬陣營的立場：一方強調要遵守《基本法》和人大常委會決定，反對公民提名；另一方堅持要有公民提名，並認為普選方案要符合「國際標準」。

有少數出席公聽會的「團體」名稱是無人聽過的，例如「協助飯團入閘大聯盟」、「麻甩建港聯盟」、「作假不離共產黨聲討論壇委員會」、「香港獨身男性要求廢除功能組別支持全民提名聯盟」、「制止路姆西再現協進會」。

一錘定音

　　由政務司司長林鄭月娥兼任主席的基本法推廣督導委員會，2014年3月的一個周末在麗思卡爾頓酒店舉辦了一個規格甚高的研討會，題為《回歸基本法——普選行政長官》。應邀出席的嘉賓近400人，其中有包括我在內的各黨派立法會議員。

　　研討會由政府的「深化推廣基本法專責工作小組」主席黃玉山主持，一共有4位主講嘉賓：基本法委員會委員、北京大學港澳研究中心主任、北大法學院教授饒戈平；前財政司司長梁錦松；基本法委員會委員、資深大律師莫樹聯；以及港區全國人大代表、香港工商專業聯會主席黃友嘉。

　　林鄭月娥在研討會開場發言裏說：「任何政改方案如果偏離《基本法》的規定，例如建議的提名方法是繞過或削弱按《基本法》授權提名行政長官候選人的提名委員會，既可能受到法律挑戰，也難以得到社會認同。我身兼『政改諮詢專責小組』組長及『基本法推廣督導委員會』主席，有責任向社會大眾清楚帶出這個訊息，讓政改工作不致離開正軌，以致徒勞無功，令普選行政長官這個願景不致成為鏡中花、水中月。」

　　饒戈平的演講以「《基本法》規定的政治體制原則與行政長官普選」為題。他強調，提名委員會是《基本法》和人大決定確定的唯一的提名機構；至於「公民提名」、「公民推薦」、「政黨提名」、「政黨推薦」等訴

求,「不但不能從《基本法》和人大決定中獲得任何支持的根據,而且是明顯違背《基本法》的立法原意的,從法律上看不能成立」;「倘若執意堅持這種背離法律的訴求,只能被視為打着民主的旗號,鼓動民眾同法律相對立。」

梁錦松在講話中警告說,如果2017年沒有普選,香港的管治將如逆水行舟,甚至有覆舟的可能。他又認為提名委員會必須參照選舉委員會均衡參與的原則組成,以照顧不同界別的權益。他呼籲各界「退一步海闊天空」,倘不肯妥協令政改落空,香港要付出昂貴的代價。

莫樹聯的講題是「『公民提名』和『政黨提名』是否符合憲法」。他解釋,《基本法》有關提名委員會的規定,最重要的意思是提名責任和提名的酌情權都屬於提委會,必須由提委會承擔和行使。立法會不可制定法例,把提委會提名的酌情權取走;如果規定提委會要對「公民提名」和「政黨提名」的參選人予以確認,便違反了《基本法》。

黃友嘉的講話說,妥善的政治制度須顧及多方面的問題,包括維護國家主權和安全,以及確保社會安寧。行政長官參選人必須符合「愛國愛港」的要求,行政長官不能與中央對立。

幾位講者都對「公民提名」和「政黨提名」表示不留餘地的反對,認為是違反了《基本法》的規定。

林鄭月娥在研討會結束後會見記者時說:「今日講者的發言,真的是有一錘定音的效果,就是重申了在《基本法》45條之下,唯一有權提名行政長官候選人的機構,就是有廣泛代表性的提名委員會。任何其他個人、機構另類的提名方法,都不符合憲法和法律的要求。」

泛民對「一錘定音」的說法反應強烈,認為這等於給政改諮詢提早「落閘」。

第七章 溝通失效

再訪上海

　　2014年4月，我第二次帶領立法會議員訪問上海。跟2010年到上海參觀世博不同，這次訪滬的主要目的不是參觀，而是與中央官員會面，討論政改。

　　中聯辦主任張曉明回請立法會議員的計劃，因泛民議員不肯到中聯辦大樓裏赴宴而告吹，但中央政府並沒有放棄爭取與泛民議員溝通對話。2014年1月初，政制及內地事務局局長譚志源接受電視訪問時透露，行政長官梁振英正籌劃安排全體立法會議員到內地訪問。兩個月後，在兩會召開期間，我在北京參加民建聯舉辦的港區人大政協晚宴時，從張曉明主任口中知道，中央邀請全體立法會議員到內地訪問的計劃經已落實，目的地是上海。

　　每年3月初兩會在北京召開期間，民建聯都會舉辦一場晚宴，應邀出席的除了參加兩會的港區人大代表和政協委員外，還有多位特別嘉賓：港澳辦和中聯辦（以及中聯辦的前身新華社香港分社）的現任和前任主要官員，包括一批退休已久、年事已高、平時深居簡出的老人家。京港兩地的許多老相識難得一聚，場面的熱鬧溫馨可以想見。2013年開始，國家規定兩會要奉行簡約節儉，禁止宴會酬酢，但對民建聯這場晚宴卻網開一面，容許繼續舉辦。我做了4屆全國政協委員，在2012年依例退下，但每年3月初仍專程到北京參加這個宴會。

　　2014年那次，我和張曉明主任在宴會開始前交談，他主動告訴

我有關上海訪問的安排，包括將有負責港澳事務的中央官員跟議員會面，交換意見；那當然是好消息。但他同時也透露了「壞消息」：沒有回鄉證的泛民議員，只會獲發臨時的出入境證件。

立法會議員到內地交流考察應該經常化、正常化，是我的一貫主張；而一部分泛民議員不獲發回鄉證，成為開展交流活動的障礙。我和其他不少建制派人士也曾建議中央政府給所有泛民議員發給回鄉證；梁振英和張曉明對此都有正面的表示，令我們覺得成事機會很大。這次中央邀請全體議員到內地訪問，正是給所有「無證議員」發還回鄉證的最好時機；這願望未能實現，十分可惜。

不過，全體議員有機會與中央官員會面，始終是最緊要的；如果可以藉此發展良好的溝通關係，回鄉證問題日後自可解決。

3月12日，行政長官梁振英向傳媒宣布：「我剛接到中央通知，同意我的建議，安排全體立法會議員去上海訪問。立法會由曾鈺成主席率團，4月12日和13日到上海參觀訪問，以及參加研習、交流。我之前會參加博鰲會議，我會由博鰲直飛上海，與立法會議員會合，參加部分的活動。」記者問泛民議員會否獲發回鄉證，梁振英回答說：「出入境的安排，要由內地有關部門負責。」

數天後，梁振英再向傳媒透露，他收到進一步的通知，立法會議員訪問上海期間，港澳辦主任王光亞和基本法委員會主任李飛將到上海跟議員會面，「就大家共同關心的問題，包括政改問題，在上海進行交流」。

第二天，泛民議員派代表來找我，提出他們對上海之行安排的要求。

單獨會面

對於中央邀請全體立法會議員訪問上海,泛民反應審慎,既沒踴躍報名,也沒斷然拒絕。「飯盒會」(泛民議員逢星期五午飯時間舉行的聯席會議)輪任召集人馮檢基來找我,要我向中央反映泛民議員對訪滬安排的要求:他們參加訪滬之行,首要目的是與中央官員討論政改;為了充分表達他們的意見,他們要求最少有3個小時讓他們「單獨」和中央官員對話,不要建制派議員在場。

這要求聽起來似乎不合情理,但我估計中央方面有可能同意。對中央來說,安排這次活動的主要目的,就是要和泛民議員對話,爭取他們支持中央對政改提出的原則和方向。中央和建制派議員的溝通完全沒有問題;早在一年前,建制派議員到前海和南沙參觀時,已聽到喬曉陽說明了中央的立場和底線。特區政府將要提出的政改方案,建制派是肯定支持的;最終能否通過,只看泛民。我向馮檢基承諾,把泛民的要求向中央轉達。

3月19日,我收到行政長官梁振英的來信,說中央已同意安排全體立法會議員於2014年4月12日及13日訪問上海。信中表示行政長官辦公室和中聯辦已組成工作小組,負責籌備;又說政府會聽取立法會議員對行程安排的建議,希望我收集議員的意見後盡快告知政府。

同日,我分別收到建制派和泛民議員集體寫給我的信,對訪滬安排提出意見。建制派建議安排研習和參觀活動,分組進行,讓議員選

擇參加；至於和官員的座談，也可以分不同的組合。泛民來信說的就是馮檢基先前告知我的要求；信末有一句：「我們會在收到回覆後再決定是否參與上海訪問。」

內務委員會在 3 月 21 日的會議上討論訪問的行程安排。梁耀忠、毛孟靜、黃毓民和陳偉業等多名泛民議員表明不會參加。

其他議員發表的意見，和他們給我的信裏所說的大致相同。我隨後給行政長官回信，轉達議員的意見。

一星期後，我再收到梁振英來信，表示他已把議員的意見向中央反映：「在中央的支持及上海市政府的全力配合下」，已擬定了在上海的活動內容，包括上海市領導會見及宴請、參觀考察上海的建設項目、專題講座，以及與在上海的港人聚餐；行程裏預留了半天，由王光亞、李飛和張曉明與議員座談雙方共同關心的議題，包括政制發展。

我請秘書處把梁振英的來信印發給所有議員。泛民重申，除非中央官員明確承諾單獨與他們會面，否則他們不會參加上海之行。

我從可靠的消息來源知道，三位主任已同意安排「單獨會面」，但正式這樣宣布並不恰當：官方辭彙裏沒有「建制派」和「民主派」或「反對派」，不可能在日程上有一節「三位主任與泛民主派議員座談」。我於是公開表示：對於泛民單獨會面的要求，中央沒有提出異議，建制派議員也沒有反對，我看不到有什麼原因不能滿足這個要求。

但泛民堅持要有中央的承諾才肯報名。到了截止報名的日期，44 名議員報了名，包括全部 43 名建制派議員和 1 名泛民議員：「長毛」梁國雄。

原機折返

　　如果沒有泛民議員參加，上海之行的意義便失去了大半。我分別找泛民各黨派（除了已公開表示拒絕參加者）進行游說，力陳我有信心3位主任會和他們單獨座談。建制派議員也紛紛協助勸說；有些甚至表示，如果只有全體議員座談，他們願意把全部發言時間讓給泛民。

　　報名截止後第二天，終於有公民黨議員4人、工黨議員兩人和獨立泛民議員5人報名；又過了兩天，民主黨也決定派出兩名議員參加，連同先前已報名的梁國雄，參加訪問團的泛民議員增至14人，代表了泛民的大部分黨派。

　　出發前兩天，中聯辦給我確認了訪問團與3位主任座談的安排：座談在訪問上海最後一天的下午舉行，大約有三個半小時。首個半小時中央官員與全體議員交流；其後建制派議員先行離席，讓中央官員與泛民議員單獨會面兩個小時。兩節座談都由我主持；行政長官梁振英只參加第一節，政制及內地事務局局長譚志源則兩節都在場旁聽。我把這安排通知了議員，然後向傳媒發布。建制派對這安排沒有異議；泛民大致上表示滿意，除了有個別議員嫌兩小時單獨會面的時間太短。

　　4月11日星期五下午，內務委員會會議結束後，訪問團從立法會大樓出發，乘旅遊巴前往機場，搭傍晚的航班飛上海。出發時大樓外來了不少記者，採訪議員的感想。

我對傳媒說，我有三個希望：第一，議員與官員的座談能達到雙方都滿意的效果；第二，議員在訪問的每個環節都有收穫；第三，訪問對議員、中央官員和在上海的主人家都留下正面的印象，成為今後開展更多交流活動的動力。

　　我上車後，回頭看到剛從大樓走出來的長毛，從他的隨身行李裏掏出一批物品，逐件在記者面前展示：印有「結束一黨專政」、「平反六四」和「公民提名」等字樣的剪報、書刊和汗衫。讓記者拍攝一輪之後，他把這些物品放回行李包。

　　長毛上車後，坐到我身旁。在往機場途中，他在我耳朵旁邊滔滔不絕，從時事說到歷史，又從歷史說到眼前。他忽然張開兩隻手掌給我看，我詫異地發現，他雙掌都是「斷掌」。「我（憑這雙斷掌）贏過很多鬼佬的啤酒。」他說：「他們沒法相信，跟我打賭。」

　　快到機場的時候，他問我：「你猜我可以順利入境嗎？」我望望他抱着的行李包，反問他：「你會把裏面的東西丟了嗎？」他說不會。我知道勸他也沒用，回他說：「你進不了上海。」「我跟你賭一杯啤酒。」「好，你進得去，我欠你一杯啤酒；進不去，你欠我。」

　　我們在上海浦東機場貴賓室等候辦理入境手續時，早從香港新聞報道知道梁國雄帶了什麼入境的海關人員，點名要檢查他的行李。

　　何秀蘭等泛民議員反對，強調我們是應政府邀請來進行訪問活動的嘉賓。對方堅持，我於是陪同長毛拿他的行李到另一個房間受檢。海關人員檢出了他的印刷品和標語汗衫，指是違禁品，不能帶入境；他可以把物品留在海關，離境時取回。長毛不同意；雙方磨了個多鐘頭，最後長毛原機飛回香港。

　　他欠我的啤酒，我至今未向他追討。

各懷心志

　　星期六上午，訪問團參觀虹橋商務區及綜合交通樞紐。泛民議員只有3人隨團前往。

　　工黨兩名議員何秀蘭和張國柱當天早上已飛回香港；他們前一晚知道梁國雄不能入境後，即時決定退出訪問團以示抗議。報了名參加訪問的公民黨黨魁梁家傑，因事不能隨大隊在星期五出發，原定星期六傍晚自行飛往上海；知道梁國雄折返香港的消息後，公民黨星期六早上召開緊急會議，決定梁家傑取消行程，但同意讓已到了上海的3名黨友湯家驊、郭家麒和郭榮鏗繼續參加訪問團活動。

　　留在上海的公民黨議員決定分道揚鑣：公開表示不論公民黨怎樣決定也會繼續完成訪問行程的湯家驊，整天隨團活動；其餘兩人離了隊，不知去向。至於其他7名泛民議員，有5人決定留在酒店，只有莫乃光和李國麟跟隨大隊。

　　上午的參觀結束後，訪問團出席時任上海市委書記韓正主持的午宴，然後返回酒店，參加由中國國際問題研究所所長曲星教授主講的「國際形勢與外交政策」專題講座。上午留在酒店的泛民議員都出席了講座，但一早外出的郭家麒和郭榮鏗不見蹤影。原來兩人早上去了上海交通大學，本想和學生交流，卻不得其門而入。其後他們找到幾位事先經港大法律學院聯絡了的當地法律學者，談了兩個小時，並且共進午餐。下午他們兩人去了港人較多的地區，在街上派發印有「公民

提名、抗衡篩選」的傳單，又向途人宣傳普選，引來了公安查問，幸好未有鬧得不愉快。

當天傍晚，留在上海的10名泛民議員發表聲明，對抵滬後發生的事情表達不滿。馮檢基表示，梁國雄因攜帶「六四」物品不准入境、公民黨派發普選傳單遭到阻撓，令參加訪問的泛民議員感到壓力，但他們會留下，盡力爭取普選。黃碧雲和梁繼昌都說，與中央官員座談的時候，他們會表達「平反六四」的要求。我向傳媒談了我對4名泛民議員退團的意見：我說，他們退出訪問團，其實並無必要；議員到上海的主要目的，是為了與負責香港事務的中央官員就普選議題交換意見，以及了解國家和上海的發展；如果為了其他原因而放棄訪問活動，十分可惜。

當天中午，參觀後乘車往午宴途中，我收到長毛發來的打油詩：「書齋揭竿十二生，租界聚義拯萬民。南陳北李肝膽照，後生回首俠客行。」說的是中共第一次全國代表大會，1921年在上海法租界秘密舉行，有12名代表出席。我步他的韻，和他一首，笑他被「打回頭」，訪滬泛民各有打算：「各懷心志十四生，越界陳詞拯泛民；南轅北轍難相照，長毛回首枉成行。」

个一會收到他的第二首：「為釜為薪本無妨，血濺京華未能忘。皇上新袍今朝演，長毛不過另眼看。」這是他的自我表白。我再和他一首：「釜底抽薪也不妨，血痕淡去自遺忘。戲袍脫下戲還演，豈獨長毛放眼看。」

晚上他再發來一首，從1927年上海的「四一二」慘案，扯到他昨天被拒踏足上海的原因：「獨夫掠滬屠百姓，血染八十七年前；今日無緣識黃浦，衹因六四血未凝。」

綿裏藏針

　　星期日上午安排了兩場專題講座：第一場由國家發改委一位教授講「國家全面深化改革」；第二場由上海市政府副秘書長講「中國上海自由貿易試驗區」。當天下午是訪問行程的壓軸節目：議員與3位主任座談。訪問團要乘搭六點多鐘的航班返港，所以座談必須在4點半結束。我曾希望壓縮上午的活動時間，爭取早一些開始座談，但上午兩場講座結束後，訪問團還要出席在滬港人組織的午餐會，結果座談還是要按原定時間在下午一時開始。

　　全體議員依時進入會議廳，按編排好的座位就坐。我負責主持會議，與3位主任和行政長官梁振英一起坐在主席台。座談正式開始前，傳媒可以在會場內採訪拍攝。各人就坐後，我對王光亞說：「議員給您帶來了禮物。」王光亞笑着說：「國家有『八項規定』，本來不應收禮物；但香港帶來的，我一定要收。」

　　「送禮儀式」在傳媒拍攝下進行。民主黨議員遞上「普選絕食宣言」海報和寫給國家主席習近平的信；公民黨議員送上政改意見書和一幅「公民提名」橫額。提交政改意見書的還有幾名獨立的泛民議員，以及建制派的自由黨。

　　最精緻的仍是馮檢基的「禮物」：一具以《基本法》包裝的「三軌方案」模型。王光亞接過模型，語帶雙關地說：「內地的古玩市場很活躍，但有贗品有真品，需要專家鑑定。」收完「禮物」，王光亞一句「來

而不往非禮也」，給每位議員回贈一本《基本法》，並説：「這肯定是真品」，引起全場一片笑聲。

議員們送什麼「禮物」，事先都給我説了；我通過中聯辦跟王光亞打了招呼，讓他知道當中沒有「平反六四」一類會令他尷尬的東西，可以放心接收。他不愧為外交老手，接收禮物的處理，大方幽默，綿裏藏針，場內的議員和記者無不嘆服。

記者離場後，全體議員參加的第一節座談正式開始。3位主任表示先聽議員的意見；我按議員預先交給我的發言名單和次序請議員發言，建制和泛民合共十多人，用了一個鐘頭，然後我請3位主任作回應。3人的講話比我估計長得多，合共超過一小時。我宣布第一節結束，請3位主任和行政長官到休息室小歇，建制派議員退場，第二節15分鐘後開始。

按原定計劃，第一節座談應在下午2時半結束，留下兩小時給第二節，泛民單獨和官員對話。但第一節結束時，已過了下午3點；第二節要接近3點半才開始，即只有約一個鐘頭時間。

正當泛民議員紛紛埋怨單獨對話的時間被削減的時候，立法會秘書長陳維安從外面走進來對我説：「剛收到壞消息——或者也是好消息：我們的班機晚點，延遲一小時起飛。」這時，李飛、張曉明和梁振英都已去了休息室，王光亞正要離開會議廳。我截住他問：「王主任，你們可以多留一小時嗎？」他爽快地答：「可以。」

我走在王光亞前面，跑到休息室，向裏面的官員和議員宣布：「由於飛機晚點，我們往機場的時間可以推遲一小時；第二節座談可以延長……」我還未説完，梁振英已出言阻止：「不要延長！」我對他説：「王主任已經同意了。」他黑了臉，不再説話。

溝而不通

在上海與議員會面，中央官員一再順從泛民的要求，先是同意由他們獨佔一節，最後又多留一小時，讓泛民議員足足有兩個鐘頭發表意見並和官員互動。

中央官員對話的誠意無可置疑，加上王光亞寬容隨和的臨場表現，泛民議員都覺得十分受用。他們事後總結，都說會面氣氛良好，官員態度友善，對話內容坦率，促進了雙方的相互了解。湯家驊以「不枉此行」四字形容是次訪滬之旅。

但是，泛民議員都清楚地看到，這次對話並沒有絲毫縮小中央官員和他們之間對政改看法的差距。3位主任對議員發表的講話互有分工：王光亞講原則，李飛講法律，張曉明講溝通；但3人都要表達一個強烈訊息：提名委員會以外的提名方式都不符合《基本法》。

王光亞說：行政長官的選舉制度要能兼顧社會各階層、各界別、各方面的利益和訴求，要達致均衡參與。提委會提名制度符合香港的實際情況，有利於在「一國兩制」下維護國家主權、安全和發展利益，有利於維護香港特區與中央政府的良好關係，有利於促進香港的長期繁榮穩定。他強調，任何「繞過提委會，虛化或削弱提委會的實質提名權」的建議，都不符合《基本法》。

王光亞又說，普選行政長官是香港民主發展前所未有的巨大飛

躍，立法會議員肩負着非常重大的政治和歷史責任。他呼籲議員「放下一己之見，求大同、存大異」，為香港的民主發展和市民的福祉做出應有的承擔。

李飛説，有些人主張「公民提名」、「政黨提名」、「立法會議員提名」，意圖取代提名委員會或者架空提名委員會，「在法律性質上就是要改變和削弱《基本法》明確規定的唯一行使提名權的提名委員會的法定地位」。他認為，由提名委員會提名行政長官候選人可以降低三大風險：第一，超黨派的提委會將提出各方面都能接受的行政長官候選人，降低政治對抗的風險；第二，提委會可以對行政長官候選人的資格條件進行比較全面的考慮，降低普選產生的行政長官不獲中央政府任命而導致憲制危機的風險；第三，提委會按均衡參與的原則組成，有利於平衡社會各階層、各界別的訴求，降低普選導致民粹主義的風險。

張曉明講話的語氣最強硬。他説：有人到現在還在説什麼《基本法》沒有禁止「公民提名」和「政黨提名」，不知這是真不懂還是「揣着明白裝糊塗」；即使只是「高要價」，也不能公然違法。不過，他也表示，中央從來沒有説過凡是「泛民」陣營的人都不符合愛國愛港的標準。他又承諾，回港後，在接着的兩個月內，他將與沒有和他單獨談過的議員「逐一約談」，聽取他們的意見。

座談結束後，王光亞與李飛、張曉明一起會見記者。王光亞總結説，他們與泛民議員的看法雖有不同，但雙方達到「兩大共識」：一是雙方同意努力確保2017年實現行政長官普選，二是雙方都願意日後加強溝通。

這「兩大共識」，當時沒有人不認同。現在回過頭來看，雙方要的「普選」其實並不是同一回事；各自朝相反的方向「努力」，無怪乎「溝」而不「通」。

一廂情願

　　上海歸來，張曉明兌現他的承諾，分別約見泛民議員。多名泛民議員公開都表示樂意會面，但到落實時，約會卻紛紛觸礁。

　　張曉明決定首先約見出席了上海座談的 10 名泛民議員。4 月下旬開始，他們陸續收到會面的邀請。第一個赴會的是衛生服務界議員李國麟；他在 5 月上旬應約到中聯辦大樓與張主任會面，談了一個半小時。其後李國麟對傳媒說，會面全程氣氛輕鬆，雙方有說有笑，沒有秘密，也不覺得是對立。他透露，他和張主任各自表述了對政改的立場：張重申普選必須符合《基本法》和全國人大常委會的相關決定，而他就再次提出「真普選聯盟」的「三軌方案」。雙方沒有對具體的方案作深入討論，但會面「不失為一次輕鬆而有互動的良好溝通」。

　　第二場會面跟第一場隔了 3 個星期，赴會的是教育界立法會議員葉建源。會面歷時約 1 小時 45 分，地點不在中聯辦，改在銅鑼灣的一間酒店。葉建源在會面後引述張曉明說，普選方案最終需要「雙認許」，即中央和香港市民的認許；葉當時回應說，爭取香港市民認許非常重要，否則管治困難將延續並惡化。當他向張重提包括「公民提名」和「政黨提名」的「三軌方案」時，張仍然強調，「公民提名」和「政黨提名」都不符合《基本法》。葉又提出部分泛民議員仍沒有回鄉證的問題；張表示已注意到，並說中央政府正在考慮中。葉建源總結說，會面對促進雙方對彼此觀點的了解應有幫助，但雙方立場未有改變。

張曉明發出的一輪邀請，促成的就只有這兩場會面。由於種種原因，其他收到邀請的泛民議員都讓張曉明「吃檸檬」。公民黨對邀請的態度最不禮貌。收到邀請後，他們提出會面的條件：第一、不要在中聯辦大樓裏；第二、議員不會單獨赴會，要見，便6名公民黨立法會議員一起見。張曉明沒有回覆他們的要求；會面沒有發生。

會計界議員梁繼昌收到邀請後對傳媒説，張曉明約他私下到中聯辦會面，像是要「買票」；政府方案未公布之前，沒什麼好談。他拒絕了張的邀請。另外兩名獲邀的泛民議員馮檢基和莫乃光，雖沒即時拒絕，但也有同樣的顧慮，最終也沒有應邀。

民主黨起初的反應很正面：單仲偕和黃碧雲收到邀請後，表示二人會一起出席會面。他們對傳媒説，上海也去了，在香港見面有何不可？在上海的座談他們二人合共的發言時間只有20分鐘，這次會面將有一至兩個小時，可以更充分表達他們的意見。會面約定了在5月中。誰知在約定的日期前幾天，真普選聯盟鬧分裂，民主黨考慮要退出真普聯；單仲偕等覺得在這敏感時刻不宜跟中聯辦主任接觸，於是提出押後會面；中聯辦對此表示諒解。押後到什麼時候？6月下旬民主黨要參與「佔中公投」，發動市民投票支持「三軌方案」和其他有「公民提名」的普選方案；然後又有「七一遊行」。民主黨建議，與張曉明的會面延至「七一」之後。

但到6月中，國務院發表了「一國兩制」白皮書。民主黨認為白皮書破壞了對話的氣氛，宣布擱置與中聯辦的會面。

正本清源

　　國務院新聞辦公室2014年6月10日發布了《「一國兩制」在香港特別行政區的實踐》白皮書。

　　行政長官梁振英當天對傳媒談論這份白皮書時說,他不同意白皮書的發表顯示中央政府改變了對香港的政策。他一再強調,中央對《基本法》的理解和執行,「一直都是十分穩定、一致和清晰的」;他又特別引述白皮書說,香港有一些人對「一國兩制」方針政策和《基本法》有「模糊認識和片面理解」。這就是說,白皮書裏說的是中國政府對香港的一貫政策;如果有些人覺得當中的提法跟他們過去認識的不一樣,那只是因為他們的認識不準確、不全面。主管香港事務的中央官員張德江事後曾多次表示,發布「一國兩制」白皮書的目的,是要「正本清源」。

　　我也相信,中央對香港的政策如果有重大改變,不可能由國務院新聞辦發出一份白皮書來公布的。和許多其他人一樣,我認為白皮書在這個時候發表,跟香港的政改有關:中央預期未來對政改的討論將涉及「一國兩制」的根本問題,現在需要把中央的看法說清楚。

　　然而,白皮書提出的一些重要觀點,對一般港人來說,確實是以前未聽過的,或者是和以前聽過的不一樣的。例如白皮書說,中央擁有對香港的「全面管治權」,並且對香港的高度自治權具有「監督權力」。白皮書指出,中國是單一制國家,中央政府對所有地方行政區域

擁有全面管治權，包括香港特別行政區在內。這當然無可爭辯；但中央政府過去只強調香港擁有高度自治權，從沒提及它對香港的全面管治權。同樣，中央對特區的「監督權力」，在《基本法》裏找不到；這權力是什麼性質，怎樣行使，沒有人解釋過。

又如白皮書說，中央對香港直接行使的管治權，包括「對香港特別行政區立法機關制定的法律予以備案審查」，以及「對香港《基本法》附件三所列在特別行政區實施的全國性法律作出增減決定」。這兩項權力《基本法》都有規定（第十七、十八條），但附有明確的限制；白皮書不提這些限制，兩項權力彷彿變成絕對的。

在法律界引起最大爭議的，是「法官要愛國」的說法。白皮書說，「愛國是對治港者主體的基本政治要求」，而「治港者」包括各級法院法官。不少法律界人士認為，如果法官判案要以「愛國」為標準，便不能維持司法獨立了。這質疑未必成立，但問題反映了白皮書的提法跟法律界的普遍觀念有牴觸。

白皮書的內容即使與中央以往的政策沒有矛盾，至少反映了重點的轉移；引起港人關注在所難免。據梁振英透露，白皮書撰寫經年；可是它的出台似乎卻十分倉卒，它引起了許多質疑和爭論，沒有權威人士出來回應、解說。

白皮書發布當天，特區政府發表聲明表示歡迎，同時宣布國務院港澳辦副主任周波及全國人大法工委副主任兼香港基本法委員會副主任張榮順，應特區政府邀請，將於一星期後來港主持研討會，向官員和社會人士介紹白皮書的內容。一星期後，政府突然宣布，兩人「因公務未能如期來港」，研討會無限期押後。

1	
2	3
4	

1/ 1992年，曾鈺成與譚耀宗獲中共總書記江澤民和港澳辦公室主任魯平接見。

2/ 曾鈺成卸任立法會職務後擔任電台主持，第一集請來曾任民政事務局局長的胞弟曾德成做嘉賓，分享兒時往事。

3/ 2016年民建聯舉行立法會選舉造勢大會，曾鈺成為李慧琼打氣。

4/ 2016年12月9日曾鈺成出席記協座談會期間，現場記者收到梁振英放棄連任的消息，紛紛中途離場追訪原因。

5/ 舊立法會大樓惜別宴，曾鈺成與兩大「惡人」詹培忠（左）及黃毓民（右）開懷說笑。

6/ 2009年，立法會足球隊友賽高官，曾鈺成與不同陣營隊友打成一片。

7/ 曾鈺成 2016 年退下議會火線，獲其他 69 名議員在薄扶林中華廚藝學院餞別，期間夫婦倆與泛民人士 selfie。

| 8 |
| 9 | 10 |

8/ 每年兩會期間，民建聯都會在北京舉辦酒會。2013年，邀得五任中聯辦主任（或新華社香港分社社長）出席，包括張曉明（左三起）、高祀仁、周南、姜恩柱、彭清華。右三為曾鈺成。

9/ 曾鈺成獻唱，聯同夫人伍嘉敏獻舞，兩人先後兩次在民建聯籌款晚會上表演。

10/ 曾鈺成回母校聖保羅書院探望喜愛足球的學弟。

11
12
13

11/ 曾鈺成應英國下議院議長伯科邀請訪英，期間出席香港工商協會午餐會，與前港督衛奕信、英國前外相韓達德、高德年及前行政立法兩局議員鄧蓮如等嘉賓合照。

12/ 曾鈺成在聖保羅書院參加學生辯論比賽。

13/ 曾鈺成當上立法會主席後知名度大增，經常參加公益活動回饋社會。

14

15

16

14/ 2014 年 9 月尾爆發佔
領運動，中環金鐘一帶
催淚彈橫飛。

15/ 立法會於佔領運動期間
首遭全副武裝示威者衝
擊，玻璃外牆損毀。

16/ 佔領區有大學生給中學
生輔導功課，自修範圍
掛上「請勿打擾」字句。

17

18

19

17/ 大部分參與佔領的泛民議員堅決拒絕自首，寧可留守在佔領區等候警方清場拘捕。

18/ 「政改三人組」袁國強（左起）、林鄭月娥及譚志源力銷「袋住先」，惜未能力挽狂瀾。

19/ 政改遭否決後，湯家驊宣布退出公民黨及辭去立法會議席，他臨別時慨嘆政改失敗，所有人都是輸家。

第八章　訴諸暴力

無掩雞籠

第一次「攻打立法會」發生於2014年6月，發動攻擊的是反對「新界東北發展計劃」的示威者。在「攻打」之前，先上演了一場「和平佔領」。

發展新界東北的計劃，早在回歸前，在1990年代港英政府已研究過。回歸初期，項目納入了特區政府的全港發展策略檢討，後因經濟衰退而被擱置。2007年，曾蔭權政府重新考慮發展新界東北，計劃開發古洞北、粉嶺北和坪輋／打鼓嶺3個新發展區。

這計劃遭到十分強烈的反對；反對者除了因發展計劃被迫離開家園的村民外，還有環保人士和土地政策關注團體。環保人士反對大片農地改為發展用途。關注團體批評政府的土地政策不公義，例如政府寧可趕走世世代代在當地居住的村民，不願把鄰近的粉嶺高爾夫球場收回發展。政府就發展計劃先後於2008、2009及2012年進行了三輪公眾諮詢，其間發生了相當激烈的衝突，出席諮詢會的政府官員要由警員護送離場。

立法會對發展計劃也有正反兩面的意見。建制派議員大都認同有需要覓地建屋，贊成發展計劃，只要求政府妥善安置和補償要遷徙的居民，以及解決區內的交通環境等問題。泛民議員有多人反對計劃：有人認為應先收回高球場；也有人指計劃是「割地賣港」，質疑政府要把新界東北變成「深圳後花園」、「雙非富豪城」，以達致「深港融合」。

特區政府強調，發展新界東北是開發中長期土地資源、解決香港房屋問題的重要計劃，不能撤回。2013年7月，政府宣布縮小計劃的範圍，先進行古洞北和粉嶺北兩個新發展區的規劃。2014年中，政府向立法會財委會申請撥款3.4億元，以開展兩個新發展區的前期工程。在建制派議員支持下，此項目在財委會轄下的工務小組委員會獲得通過。但撥款建議提交財委會審議時，便遭到立法會內外反對力量的阻撓。財委會審議撥款建議，用了5月的3次會議，都未能對建議進行表決。

6月6日下午，財委會第四次審議撥款建議，反對東北發展計劃的團體在大樓外的示威區集合。會議開始後不久，反對團體的兩批成員用不同的辦法進入了大樓：一批到財委會的會議旁聽，另一批參加立法會導賞團。至5時半，有人經公眾入口走出大樓，趁自動門打開時，在外面結集的約100名示威者一湧而入，與先前已進入大樓的同夥在大堂會合，扯起反對發展計劃的標語，擂鼓高叫「不遷不拆」的口號。

秘書處關上防火閘，封了扶手電梯，防止示威者從大堂衝上2樓的財委會會議室。晚上8時半，數十名「熱血公民」成員到場，高聲叫囂，場內氣氛更加緊張；有示威者與立法會保安員發生衝突，5名保安員受傷送院。秘書長徵得我同意，報警求助；50名警員在晚上9時半進入大樓，場面一度混亂。財委會會議在9時45分結束，仍未能對議案進行表決；議員在示威者不察覺下離開了大樓。至深夜12時半，示威者全部散去。這是第一次有警員進入立法會大樓執法。

示威者輕而易舉佔領了地下大堂。建制派議員說，立法會大樓猶如「無掩雞籠」。

攻打大樓

　　立法會大樓地下大堂被佔領事件發生後一個星期，財委會會議繼續審議新界東北撥款建議時，大樓遭到怵目驚心的暴力攻擊。

　　財委會當天安排了共6小時會議，爭取完成審議撥款建議。會議下午3時開始；在中午時分，立法會門外已聚集了數百名示威者，高叫口號，要求政府撤回發展計劃。上星期的佔領事件發生後，秘書處已在示威區周圍架設了大批鐵馬，防止有人衝進大樓。

　　傍晚，大樓外聚集的人愈來愈多，入夜後已增至逾千人，在大樓外觀看財委會會議直播。對支持和反對撥款的議員的表現，以及財委會主席對會議的處理，示威群眾不時作出強烈的反應。每當財委會主席嘗試「剪布」，示威人士都大喝倒采，高呼「議會失效」、「撤回計劃」。

　　如果示威人士要硬闖進入大樓，只靠立法會保安人員是抵擋不住的。我同意秘書處的建議，再次要求警方協助維持大樓的安全和秩序。我在大樓控制室和秘書處的管理人員一起，通過閉路電視監看大樓外示威群眾的動態，以及財委會會議的進行情況。

　　接近晚上9時，多名反對撥款的議員還要提出數以百計的修正案；主席試圖制止，議員不服抗議，會議場面混亂，主席宣布會議暫停。10分鐘後，會議恢復，主席宣布，他會讓議員每人再發言一次，最

多3分鐘，然後議案便付諸表決。大樓外的示威者聽了，情緒激動，一批年輕人衝向大樓入口，推倒架在門外的三重鐵馬，多人被推撞倒地，包括立法會保安員、示威人士和記者。

立法會大樓的入口都是自動玻璃趟門，沒有鐵閘。秘書處把開關掣關掉，令玻璃趟門維持緊閉。湧到門前的示威者用鐵支和竹竿插進門縫，要把門撬開。在另一邊，有人提着鐵馬拚命撞擊大樓的外牆，牆身開始被撞破。先前已進入大樓布防的警員，在各個可能被突破的地點組成人盾，用胡椒噴霧驅趕逼近的示威者。

回頭看財委會會議：泛民議員排着隊發言，主席不理會他們抗議，每人說夠3分鐘便叫下一位發言。看那局面，當晚肯定不可能結束審議、進行表決；如果會議拖下去，示威者的衝擊行動必然加劇，不但大樓要受嚴重破壞，大樓內人員的人身安全也會受到威脅。

我和秘書長商量了一會，寫了一張字條，叫工作人員拿到會議室交給財委會主席。

財委會主席看了字條後宣布，他收到秘書處的通知，因為樓下出現的治安情況，會議要立即結束。當時是晚上9時半，比原定會議結束時間早了10分鐘。多名泛民議員走到樓下，向示威群眾宣布：拉布取得勝利，會議已經結束，未有通過撥款。示威者這才停止衝擊行動。

在同一時間，數百名防暴警察開到，包圍了大樓，禁止所有人進出。示威群眾在大樓外坐下留守。至凌晨2時，警方開始清場。立法會保安部和警方先後向示威者發出警告，勸喻他們離去。有百多名示威者堅持坐在地上，由警員逐一抬走。

凌晨4時，警方完成清場。我和秘書長視察大樓被破壞的情況，並接着會見傳媒，譴責示威者的暴力行為。

嚴陣以待

　　立法會大樓被「和平佔領」和暴力衝擊的事件接連發生，引起特區政府和中央政府很大關注：台灣剛在3個月前發生了佔領立法院的「太陽花事件」；有人揚言要搞「港版太陽花」，又有人說「佔領立法會」是「佔領中環」的預演。

　　大樓遇襲翌日，星期六中午，我和秘書長陳維安應政務司司長林鄭月娥的邀約，到她的辦公室，討論再有類似事件發生時，警方如何與立法會秘書處配合，加強應變能力。接着的星期二上午，我召開行政管理委員會特別會議。秘書處向我們報告了大樓遇襲的經過，又展示了過去兩天在網上流傳的訊息：有人在煽動市民星期五財委會開會時再來包圍立法會，又教人怎樣打破玻璃門、攻入大樓；煽動者說：「玻璃後面的人不是你的朋友，不用擔心他們的安全。」

　　行管會評估了下次財委會會議的風險，研究了大樓的保安問題，就加強當天大樓內的人流管制達成若干共識，並指示秘書處與警方聯絡，商討如何保障大樓和裏面人員的安全。

　　我在會後向傳媒說明行管會的決定：星期五財委會開會當天，取消所有導賞團活動，圖書館停止向公眾開放，議員助理不得進入1至3樓層，議員訪客不得進入大樓。我又透過傳媒向參加和平示威的公眾人士作出呼籲，希望他們不要支持暴力行為，不要參與衝擊大樓的行動。

星期四上午，我再次召開行管會特別會議。聽取了秘書處滙報與警方磋商的結果後，行管會作出一系列加強大樓保安的決定。當天下午，我巡視了大樓的保安設施和安排，然後舉行記者會，宣布行管會作出的最新決定。其中最主要的，是關閉公眾入口外的廣場示威區，示威人士要改到政府總部旁的添美道聚集。我解釋說，廣場示威區屬於立法會管轄範圍，未有暴力事件發生前，警方不能進駐該場地布防；到有暴力事件發生後，警方要介入為時已晚。根據上星期的經驗，依靠立法會自己的保安力量無法應付示威區可能發生的暴力事件。添美道是立法會範圍外的公眾地方，在那裏示威要遵守公眾集會的法律，由警方維持秩序。

財委會會議當天，警方嚴陣以待，派出多隊警員在大樓外巡邏。立法會廣場封閉，示威集會轉到添美道，警方開放了兩條行車線，聚集的人群坐在馬路上觀看財委會直播，每當有泛民議員發言時就鼓掌歡呼，到財委會主席發言時就大喝倒采。警方在人群中發現兩名身上藏有軍刀、鐵鎚、鐵鉗、打火機、噴火槍及氣罐等危險物品的少年，把他們拘捕，另有個別示威人士與警員發生衝突；但集會由始至終大致維持和平，暴力衝擊立法會大樓的混亂場面沒有重演。

混亂場面卻在財委會會議裏不斷出現。泛民議員繼續拉布，會議開了兩節共4小時，至結束時仍未能對撥款議案進行表決。傳媒形容會議「吵如街市」，主席「相當狼狽」。會後，多名建制派議員對財委會主席——金融界議員吳亮星——主持會議的表現頗有微詞，有人更質疑他的能力，認為他應退位讓賢。

亂出有因

又一星期後，財委會會議第七次審議新界東北發展撥款建議。建制派強烈要求財委會主席果斷執法，在當天會議結束前將撥款議案付諸表決。

有行管會委員警告，當天將是立法會「最危險的一日」，因為表決的時間很可能在晚上，正值大樓外的示威人數達到高峰；表決引起大規模暴力衝突的風險極高。會議前一天，行管會宣布，上星期為保障大樓安全實施的各項特別安排繼續有效，包括封閉立法會廣場示威區、取消大樓內所有公眾活動和服務、限制可進入大樓的人士等。

財委會會議一開始，建制和泛民議員便不停互相對罵。泛民議員多次不滿主席吳亮星的裁決，衝到主席台前和他理論。吳亮星兩次命令和他爭吵的議員離開會議室，泛民群起反對，他兩次都被迫收回決定。建制派議員一邊罵泛民破壞秩序，一邊罵吳亮星沒有能力主持會議。

時間在一片混亂中過去，至晚上10時，吳亮星突然宣布提問結束，在官員總結發言後便要進行表決。泛民聞言即時起哄，包圍了主席台高聲抗議，吳亮聲宣布暫停會議。數分鐘後，吳不理會依然圍在主席台前的泛民議員，宣布會議恢復，在議員的喧嘩聲中邀請官員答辯。官員說了沒幾句，吳即宣布議案付諸表決。多數泛民議員未及返回座位投票，撥款議案在建制派支持下獲得通過。

在添美道聚集的示威群眾知道表決結果後，部分人顯得情緒激動。警方早在現場周圍加強了布防的警力；沒有人發動暴力衝擊，人群大致保持和平，陸續散去。

連續數星期出現的情況，突顯了立法會的保安問題。我在7月初召開了一次行管會的擴大會議，邀請所有議員出席，對保安問題發表意見。對於行管會採取的保安措施，泛民議員普遍不表贊同，特別是不滿關閉了廣場示威區，以及限制議員助理在大樓內的活動範圍；他們又認為不應過早邀請警方介入，甚至說不應讓警隊進入立法會大樓範圍內執勤。另一方面，建制派議員大都認為立法會的保安仍有很多漏洞，需要進一步收緊；他們指出確實有議員助理跟衝擊大樓的示威者「裏應外合」，應該設法制止。

我向議員說明了幾次邀請警方協助維持秩序的實際情況，又請秘書處解釋示威區仍有一段時間不能開放的原因．大樓受衝擊時遭到多處破壞，修復需時；廣場地面要加鑽洞穴，以備有需要時用以固定鐵馬。我指出，我們既要維持立法會的開放氣氛，也要保障大樓以及在大樓內活動的議員、工作人員、公眾人士和記者的安全，兩者之間要取得平衡。

7月中，行管會召開該年度最後一次會議，檢討立法會的保安安排。大家都看到，立法會大樓原來的設計着眼於向市民開放，盡量讓來訪者覺得方便和友善，沒想到要防範近日所見的暴力行為。大樓明顯是開放有餘、防衛不足，不能應付新的政治環境的挑戰。行管會決定聘請保安顧問公司，全面檢討立法會的保安事宜，兩個月內提交評估報告及改善建議。

腰斬會議

　　反對新界東北發展的拉布在財委會開始的時候，針對2014-15年度《財政預算案》（《2014年撥款條例草案》）的拉布正在立法會會議展開，帶頭拉布的議員依然是梁國雄、陳偉業和陳志全；和去年一樣，他們聲稱拉布目的是迫使政府推行全民退休保障計劃以及向市民派錢。

　　有了上一年的經驗，我有信心保證預算案可以及時通過，不會讓拉布導致政府「停擺」。不過我認為，在《議事規則》容許的範圍內拉布，始終是少數派爭取政府讓步的合法手段；我可以「剪布」，但一定要合情合理。但是，建制派陣營和特區政府裏有許多人，包括行政長官梁振英，對拉布極之痛恨，認為那是破壞行為，一點也不能容忍。

　　當年5月的行政長官答問會上，梁振英開頭的發言，大半時間是批評拉布；他舉了很多政府議案被拉布拖延的例子，譴責拉布的議員阻礙政府施政、損害市民利益。

　　行政長官當面訓斥議員，在立法會會議廳裏從沒發生過；如果梁振英是想激起拉布議員的反應，他成功了。首先發難的是黃毓民；梁振英說了沒幾句，他就在座位上破口大罵，被我逐出會議廳。準備有所動作的梁國雄、陳偉業和陳志全，暫時忍氣吞聲留在會議廳裏。接着的答問過程還算順暢；至回答梁耀忠提問時，梁振英又說：「社會對議會出現的拉布情況影響了香港社會的競爭力，深痛惡絕。」這時，陳

偉業站起來高聲叫罵，旁邊的梁國雄和陳志全也同時站起來。

接下來的場面十分混亂：我喝令陳偉業離開會議廳，他從梁國雄先前帶入會議廳的「誠實豆沙包」中撿起一個，擲向梁振英；陳志全不斷高叫；梁國雄也拿起一個豆沙包，最接近他的保安員見他作勢欲擲，一手把他摟住，箍着他的手臂；我接連命令陳志全和梁國雄離開會議廳。三人繼續呼喊，與保安員糾纏，拒絕離開。我宣布暫停會議，返回辦公室，讓秘書和保安員處理會議廳裏的場面。

我從閉路電視看到，梁國雄堅持不走。梁振英按他的習慣，也一直留在會議廳；只見他低頭忙着用筆修改一份文件，然後又和幾位司長「密斟」。

15分鐘後，距離會議原定結束時間只有5分鐘，我重新走進會議廳，宣布會議恢復。我說：「我剛才命令了梁國雄議員立即離開會議廳，但梁議員不願離開。」此時，梁國雄在座位上高聲跟我理論，何秀蘭也站起來反對我的裁決。他們吵了一會，我說：「行政長官、各位議員，現在這情況，會議不可能繼續進行，這是很可惜的；但在這情況下，我唯有宣布休會。」

梁振英率領一眾官員步出會議廳，走到採訪區，官員們一字排開，梁振英宣讀了一篇強烈譴責搗亂議員的講話，講稿就是先前在會議廳裏修改的文件。有記者給我「報料」：梁振英本來打算率領全體官員walkout（離場抗議），我「腰斬」了會議，打亂了他的部署；有官員私下說，「主席英明」。

腰斬會議是故意的。我事前已收到風，知道梁振英有walkout計劃。他一直等待時機，但我沒有讓時機出現。如果行政長官出席立法會答問會時離場抗議，後果難以收拾。

對抗升級

在立法會會議上，議員如果不滿官員的表現，可以walkout以示抗議；行政長官（或其他出席會議的官員）不滿議員的表現，卻不能walkout。理由顯而易見：議員walkout，可以若無其事地出席以後的會議；行政長官walkout之後怎樣呢？鬧事的議員不會認錯、道歉，只會變本加厲，他們不怕受到任何制裁；那麼行政長官是否以後不出席立法會會議呢？

2014年5月的行政長官答問會，梁振英策劃的walkout沒有成事；7月的另一次答問會，泛民議員卻上演一場集體walkout。

在一連串「佔中」前期活動的推動下，加上「一國兩制」白皮書引起的反應，2014年的「七一遊行」聲勢十分浩大。遊行以「捍衞港人自主，毋懼中央威嚇，公民直接提名，廢除功能組別」為主題，在下午3時開始，至晚上11時許才結束。組織者宣布全日共有51萬人參加（警方說高峰期有9.8萬人，港大民意研究計劃估計遊行人數在15.4萬至17.2萬之間），泛民陣營情緒高漲，聲稱民意清楚要求「真普選」。

行政長官答問會在遊行後兩天，上午9時半開始。梁振英一進入會議廳，二十多名泛民議員便離開座位，舉起「真普選，無篩選」的標語，由「飯盒會」召集人馮檢基帶頭，一邊高叫「六八九，回應民意」，一邊走向梁振英。我喝令他們停止叫喊，返回座位，他們毫不理會，繼續前行。保安人員築成人牆，阻止泛民議員走近梁振英。陳偉業和陳

志全突圍而出，向梁振英擲出用紙條摺成的「幸運星」（表示抗議吳亮星對財委會會議的處理）。黃毓民從後面竄到會議廳前排座位，跳到桌上，不斷向梁振英的方向擲物，包括紙張和書籍，最後擲出一隻盛着水的玻璃杯。玻璃杯飛到梁身後，碰在牆上破碎，地上濺了一大灘水，散滿玻璃碎片。

我宣布暫停會議。保安人員將黃毓民、陳志全、陳偉業和范國威抬走，其他泛民議員離場抗議，只有李國麟留在會議廳。工作人員清理散在地上的雜物時，梁振英冷靜地俯身拾起一塊玻璃碎片，放在講台上。

5分鐘後，我宣布會議恢復。我首先就議員的搗亂行為向行政長官和官員道歉，然後請梁振英發言。梁振英批評屢次有立法會議員在他和特區政府其他官員出席立法會會議期間使用侮辱性言詞，且作出愈來愈激烈的動作。他撿起講台上的玻璃碎片，向眾人展示，用半靜而嚴肅的語氣說：「剛才便有立法會議員在眾目睽睽之下拋擲物品，包括現在已被打破了的玻璃器皿。請立法會和全社會重視這個事件和發展趨勢。」

會議結束後，行政長官辦公室隨即就擲杯事件報警。警方列作普通襲擊案，由中區重案組辦理，當天中午即派人到立法會會議廳蒐證。晚上，黃毓民自行前往中區警署投案，獲准保釋離開。他對傳媒說，他知道警方正「通街吹」要拘捕他；為避免在夜深時分被警方騷擾，他決定「霸氣地行入差館」。

2015年8月，警方正式以普通襲擊罪起訴黃毓民。翌年10月，裁判官裁定黃毓民罪名成立，判入獄兩星期，黃毓民上訴。2018年9月，高等法院原訟法庭裁定黃毓民上訴得直，撤銷定罪及判刑。

攤牌倒數

　　踏入2014年下半年，距離政改攤牌時日無多，「對決」的氣氛愈來愈緊張。泛民議員在行政長官答問會集體離場，抗議特區政府沒有回應社會對「真普選」的訴求，那只是政改對抗升溫的一個徵兆。

　　7月中，行政長官梁振英按照《基本法》和全國人大常委會決定的程序，向全國人大常委會提交報告，提出2017年行政長官產生辦法有需要進行修改，以實現普選目標；他同時向中央呈交了政改諮詢報告。提交報告當天下午，政務司司長林鄭月娥領導的「政改三人組」出席立法會內務委員會特別會議，介紹報告的內容。

　　林鄭月娥說，諮詢報告如實反映了在諮詢期內香港市民對如何落實普選行政長官的不同意見，包括在關鍵議題上的分歧。報告的結論是：香港社會普遍殷切期望於2017年能夠落實普選行政長官，並普遍認同在《基本法》和全國人大常委會決定的基礎上落實普選；普遍認同2017年成功落實普選行政長官對香港未來發展有正面作用；普遍認同行政長官人選須「愛國愛港」。

　　這些「結論」固然無可爭議，卻不能反映政改方案要獲得通過所面對的困難。林鄭接著便點出了困難所在；她說，在諮詢期內已有法律專業團體和其他社會人士指出「公民提名」不符合《基本法》的規定，但仍然有不少市民透過參與民間組織舉行的投票活動和「七一遊行」，表達他們認為普選行政長官的提名程序要包括「公民提名」，有團體亦提

出「真普選、無篩選」的立場宣示。

　　林鄭指出:「社會上不同政治光譜和不同持份者對某些議題的立場和意見可謂南轅北轍。要收窄分歧,尋求共識,要在立法會取得三分之二議員通過方案,絕對不是一件容易的事。」她呼籲:「我們必須有勇氣和智慧在狹窄的政治罅縫中找尋最大共識。」

　　林鄭發言後,回答議員提問。答問過程不斷被泛民議員的插話和叫罵打斷。梁國雄在座位上不停高叫,後來更拿着道具鳥籠和吹氣膠錘(抗議「鳥籠普選」和「一錘定音」),高喊「我要公民提名,廢除功能組別」,衝向林鄭;保安員把他攔住,他把膠錘投向林鄭,主席梁君彥把他逐出會議室。過了一會,陳偉業亦離開座位,人叫「假報告、假諮詢」,並將報告撕碎,撒在地上;稍後陳志全又掌着鳥籠衝出來,高叫「真普選」;兩人相繼被主席驅逐出場。

　　會議結束,政改三人組離開時,仍在會議室內的泛民議員全體站立抗議,高呼「真普選、無篩選」。在公眾席旁聽的一批學聯和學民思潮的成員　齊站起來,做出倒豎拇指的手勢,並高叫要與林鄭月娥對話。林鄭不顧而去。

　　泛民「飯盒會」召集人馮檢基在會議後會見傳媒,批評特區政府向中央提交的報告沒有反映香港市民對「真普選、無篩選」的要求。多名泛民議員聲稱「公民提名必不可少」,對政府「漠視民意」表示憤怒,威脅要提早「佔中」。

　　泛民陣營顯然無意「在狹窄的政治罅縫中找尋共識」,無意在中央政府劃定的框框內探討普選行政長官的方案。他們的主流意見認為,對話不能解決問題,要訴諸大規模抗爭。

中央交底

　　行政長官梁振英向中央提交政改報告4天後，星期六的下午，他在行政長官辦公室地下大堂會見記者，透露當天上午他和「政改三人組」去了深圳，向全國人大常委會委員長張德江和負責港澳事務的中央官員滙報，介紹了先前向中央提交的報告的主要內容，並如實反映了香港社會各界對2017年普選行政長官的意見和期望。

　　梁振英說，張德江向他們表達了兩點意見：

　　第一，中央真誠希望2017年香港如期依法落實行政長官普選，並希望各界人士在《基本法》和全國人大常委會決定的基礎上，理性討論，凝聚共識；第二，中央對香港的基本方針政策沒有改變，亦不會改變。

　　記者追問，梁振英和其他官員向張德江反映的意見，有沒有包括「公民提名」？梁振英沒有正面回答，只重複說他們「如實反映」了香港的情況，而張德江一再強調普選要嚴格按照《基本法》和人大常委會的決定。按修改行政長官產生辦法的時間表推算，人大常委會在當年8月底便要就普選方案作出決定。距離這拍板的時間只有大約一個月，主管港澳事務的國家領導人張德江為什麼要南下來到深圳呢？他會見行政長官和負責政改的特區官員，目的是什麼呢？

　　按常理推測，梁振英和其他官員向張德江滙報的，不會只是香港

社會各方面對政改的意見；這些意見，中央官員其實早已耳熟能詳；而且據政改三人組所説，所有各種不同的意見都已收錄在諮詢報告裏，該報告數天前應已交到張德江手中，他沒有必要跑到深圳來聽他們把報告的內容説一遍。

另一方面，張德江對梁振英和政改二人組當面説的話，也不可能只是梁振英向傳媒複述的那些眾所周知的道理：普選要依《基本法》和人大常委會的決定，難道梁振英等還需要張德江給他們提醒嗎？

合理的猜測是：張德江專門會見梁振英和林鄭等官員，一是要給他們「交底」，告知他們中央即將出台的是一個怎樣的普選方案；二是要跟他們商量策略，研究怎樣使方案獲得通過。這些討論內容，當然不能公開。我這樣説，也並非純屬猜測。張德江來深圳，除了會見梁振英和林鄭等官員，還分批約見了香港政商界多人，包括我在內。

梁振英從深圳回港後，我到深圳見了張德江、王光亞和張曉明。張德江交代了中央對行政長官普選方案的決定。

簡單地説，中央認為必須有效管控行政長官候選人的提名，不能讓中央不接受的人物成為候選人。對於這一點，中央絕不會放鬆。張德江把要説的話説完後，先行離開；王光亞和張曉明兩位主任留下來跟我談話。

對於中央不願放寬提名機制，我是感到失望的，雖然我並不感到意外，因為我一直有留意中央發出的訊息。王、張兩位主任知道我的想法；他們希望我支持中央的方案，不要反對。

我告訴兩位主任：我不但會支持方案，而且會盡力協助爭取方案獲得通過。因為我深信，對香港的政制發展，即使是最保守的普選方案，通過了比通不過要好得多。

第九章　寸步不讓

各自引述

我單獨到深圳和張德江會面，沒有告知任何人，也沒有引起傳媒的注意。其他和張會面的人，都是建制派政商界團體的代表；他們的會面都事先張揚，會面後分別接受傳媒訪問，各自引述了張德江談話的不同內容。

除了重複「中央對香港的『一國兩制』基本方針政策不變」、「中央真誠希望2017年普選行政長官」、「普選要符合《基本法》和人大常委會決定」等「大路」說法外，各人透露的張德江談話內容，有幾點引起較大的重視。

第一，有商界代表向媒體表示，張德江強調「公民提名」不可接受。經民聯的代表也傳達了相同的訊息。這是中央官員首次直接否定「公民提名」。過去被問到「公民提名」可否納入普選方案，中央官員的標準回應只是重申普選要符合《基本法》的規定。

第二，張德江向多個團體的代表指出，「佔中」是犯法行為，要堅決反對。他特別指出「佔中」會損害商界和專業人士的利益，呼籲商界代表多發聲「反佔中」。他又嚴正聲明，以「公民抗命」威脅中央接受違反《基本法》的「公民提名」，一定不能得逞。

第三，有參與會面者引述張德江說，有外國勢力不願看到中國強大，於是介入香港事務，煽動一些人搞破壞；香港要提防這些外國

勢力，「不要像烏克蘭或泰國那樣發生動亂」。張德江又表示，中央擔心，如果由一個對中國有敵意的人當了特首，就會被外國勢力利用，壓制中國的發展。

第四，民建聯和工聯會的代表都說，他們向張德江介紹了他們各自提出的政改方案。民建聯和工聯會先前提出的方案都建議，任何人要成為行政長官候選人，須取得提名委員會全體委員過半數的支持。人們都相信，這兩個團體不會提出不符合中央意圖的方案；他們透露與中央官員討論了方案，更增強了方案的「權威性」。「提委會過半數支持」這提名門檻是大多數泛民不能接受的，但種種跡象顯示這很可能是中央的方案。

在與張德江會面前兩天，工聯會榮譽會長、行政會議成員、港區全國人大代表鄭耀棠也在電台節目裏宣稱，對於特首候選人必須得到提委會過半數支持，中央堅定不移，不會改變。

對於真正希望政改能夠成事的人，來自與張德江會面的最正面的訊息，是由范徐麗泰帶回來的。范太引述張德江說，世界各地的民主發展，都是「一步一步」的；有一個過程，要適合當地的實際情況。范太說，照她理解，張的意思是：在落實普選後，民主發展仍會向前走，即 2017 年實現的並非普選的最終目標。建制派人士一直向泛民呼籲：即使他們認為中央提出的普選方案未如理想，也應該「袋住先」（先接受了），以後再爭取把它優化。可是，如果中央提出的 2017 年方案已經是「終極方案」，「袋住先」就變成「袋一世」了。所以，范太傳出的訊息，對爭取泛民支持政改有特別積極的意義。

我當然希望范太引述的內容和她的理解是準確的。然而我不敢樂觀，因為我知道，中央在 2007 年決定香港可以在 2017 年普選行政長官，就是希望給政改畫上句號，避免每隔數年便要折騰一番。

赴美考察

張德江在深圳與港人會面的第一天,「保普選反佔中大聯盟」在香港啟動大規模簽名行動,在全港四百多個街站收集市民的「反佔中」簽名。

當年7月初宣布成立的「保普選反佔中大聯盟」,由28名建制派政、商、學界人士以及38個團體發起,目的是動員全港市民「保和平、保普選、反暴力、反佔中」。數星期內,參加大聯盟的團體已超過1000個。大聯盟原定7月底至8月中發起全港「反佔中」簽名運動,包括在街上和網上收集簽名,後來決定街上簽名提早在7月19日開始,為期一個月。

行政長官和多名主要官員、行政會議成員都簽了名。簽名運動的最後一天,即8月17日,大聯盟組織「保普選、反佔中」大遊行,從維多利亞公園遊行至中環遮打道。在總結整個運動的記者會上,大聯盟宣布,「8.17大遊行」有19.3萬人參加(警方估計的數字是11萬人,港大民意研究計劃估計有7.9萬至8.8萬人);一個月的簽名運動共收到150萬個簽名。

在「反佔中」運動開展得如火如荼的日子,我碰巧不在香港。我先前已計劃好,趁當年立法會暑期休會的時間,和香港政策研究所行政總裁馮可強一起到華盛頓,考察美國的智庫機構。為了探討在香港推動民間政策研究活動的前景和路向,我們決定分別到內地(北京、上海

和廣東)、新加坡以及美國等地「取經」,其中到美國的考察定在2014年7、8月。

在策劃行程的時候,我拜訪了董建華先生,徵求他對我們訪美計劃的意見。他聽我介紹計劃之後,表示十分支持,主動提出他可以跟美國幾個主要智庫組織聯絡,為我們推介。他特別提到,他和傳統基金會的負責人是老朋友,只要他打個招呼,我們一定可以見到基金會的主要人物。我對董先生的支持表示十分感謝;有他穿針引線,我們在美國的考察活動便事半功倍。

3天後,董先生打電話給我,勸我取消訪美之行。他說,現在不是合適的時候;來日方長,以後可以有很多機會。

我感謝董先生的忠告,把他的意見告知馮可強。我們不知道董先生為什麼對我們的訪美計劃改變態度;但商量之後,我們還是決定如期赴美。香港政策研究所其實跟美國的智庫也有聯繫,而不久前卜睿哲(Richard Bush,美國著名智庫布魯金斯學會 Brookings Institution 的東北亞研究中心主任)也來立法會找過我,談過合作研究的可能性。同時,美國駐港總領事也樂意為我們提供協助。

立法會會期7月中結束,我訂好機票7月21日飛往美國,剛好沒有妨礙我在19日到深圳見張德江。我們在華盛頓訪問了包括傳統基金會和布魯金斯等6個主要智庫。在差不多同一期間,民建聯5名立法會議員也到美國,走訪三藩市、洛杉磯和紐約,向當地華僑宣傳「保普選反佔中」。我趕不及參加他們的活動,但約好了在完成華盛頓的行程後,轉到紐約拜訪當地的華僑團體。

我決定辦完公事之後,和太太在美洲遊玩:先到阿拉斯加乘郵輪觀賞冰川峽灣,順道下溫哥華探望朋友,再飛到夏威夷玩幾天,然後折回洛杉磯,8月19日才返抵香港。

當活馬醫

　　在全國人大常委會審議香港政改的會議召開兩星期前,特區政府宣布,政府應泛民「飯盒會」立法會議員(即全體泛民議員減去梁國雄、黃毓民、陳偉業和陳志全4人)要求,邀得中聯辦主任張曉明分批和議員會面,商討政改。會面分4場在政府總部舉行,由政務司司長林鄭月娥主持,「政改三人組」其他兩名官員陪同。張曉明分別與民主黨、公民黨、工黨以及「飯盒會」的其他議員對話。

　　泛民和中央官員在政改拍板前的最後關頭願意保持溝通,可說難能可貴。在泛民方面,立法會上海之行回來後,張曉明曾分別約他們會面,他們大多數都拒絕了;其後,他們又說張曉明官不夠大,要求見更高級的中央官員。至於中央方面,這段期間正加大力度「反佔中」,而泛民議員大部分是「佔中」的參與者和支持者。

　　所以,雙方似乎都不會有強烈的意欲進行對話。但他們畢竟同意會面,我和所有希望政改獲得通過的人一樣,自然樂見其成。

　　在會面前夕,23名「飯盒會」議員聯合發表「民間政改報告」,強調香港市民強烈要求2017年行政長官普選要「無篩選」,又指「三軌方案」獲得民意廣泛支持。他們批評行政長官和「政改三人組」撰寫的政改報告偏頗失實、誤導中央,所以他們要另擬民間報告,交張曉明轉給人大常委會。

另一方面，政圈裏繼續傳出中央對政改態度強硬的訊息，沒有因張曉明和泛民即將進行對話而轉吹「和風」。傳媒引述消息人士説，人大常委會對行政長官普選方案已有決定，包括規定候選人須獲提委會過半數支持；又説如果這次政改拉倒，最少要再等10年，即到2027年才有普選。消息又指中央「反佔中」立場十分堅決，不會在威脅下讓步。宣布將列席人大常委會會議的港區人大代表鄭耀棠對傳媒説，他相信政改方案已沒有可修改的空間；泛民與張曉明會面，「只能各自表述，改變不了結果。」

從幾場會面後雙方分別發出的訊息來看，鄭耀棠指「各自表述」的估計是準確的：也許張曉明和泛民議員都明知不可能説服對方回心轉意，只是利用會面的機會重申自己的立場和觀點，既是説給對方聽，也藉傳媒報道向公眾發表。有泛民議員説，這是「死馬當活馬醫」。但也正如林鄭月娥在總結第一場會面時説，「對話總比對抗好」；泛民和中央政府願意維持對話的關係，未至完全對抗，政改還有一線生機。

就在第一場會面之後，林鄭向傳媒透露，「中央負責政改的官員」將在數天後，即8月21日，在深圳舉辦政改座談會，邀請立法會所有70位議員出席，目的是要聆聽議員對政改的意見。這消息來得頗為突然：泛民議員較早時提出要「北上」與中央官員對話，特區政府一直表示有難度。

記者問是哪些中央官員出席深圳的座談會，林鄭回答説：「我暫時沒有這資料可以公布。」不到一小時後，梁振英在另一個場合宣布：「我們安排了機會讓全體立法會議員在深圳和李飛主任等中央官員再交換意見。」

我從美國返港，剛好趕及出席李飛主持的座談會。

頓開茅塞

　　深圳的政改座談會由李飛主持；出席的中央官員還有王光亞、張曉明和（全國人大常委會法工委副主任）張榮順。座談會共3場，分兩天舉行：第一天上午的一場，參加者是港區人大代表和政協委員；下午是立法會議員；第二天上午是「香港各界人士」。

　　報名出席座談會的立法會議員共49人，包括15名泛民議員。跟上次在上海一樣，中央官員應泛民議員的要求，同意在全體議員座談結束後，另安排一節單獨與泛民對話。座談會前一天，所有泛民議員公開簽署一份「政改承諾書」，聲明如果政改方案不符「國際標準」，他們全體將一致否決方案，拒絕「袋住先」。

　　也和往上海一樣，梁國雄堅持穿着「六四」衣飾，被拒入境，結果參加座談會的泛民議員只有14人。座談會的安排是議員先發言，最後由李飛發言回應。發言議員名單由抽籤決定；12人獲抽中發言，包括建制9人，泛民3人。

　　李飛在回應發言時向議員提出兩點意見。第一，他指出，全國人大常委會、行政長官和立法會三方面必須相互配合，才能完成行政長官產生辦法的修改工作。三個機構怎麼配合？他說：一是要以香港《基本法》的規定為共同基礎；二是要遵循公權力行使的基本要求，以國家和香港的整體利益為依歸，以最廣大的香港居民的根本利益為依歸，以正確實施「一國兩制」方針政策和香港《基本法》為依歸；三是

要尊重中央對政制發展的決定權。

　　第二，他呼籲「要以最大的政治勇氣和智慧尋找政治問題的出路」。李飛說，落實行政長官普選既是法律問題，也是政治問題，其核心是要不要遵守香港《基本法》的規定，要不要堅持愛國愛港者治港的原則。「不遵守香港《基本法》，不堅持愛國愛港者治港的原則，就是要擺脫中央而把香港變成獨立政治實體，用香港的『一制』來對抗國家、對抗中央。」

　　他鄭重聲明：「行政長官普選問題關係到香港的長期繁榮穩定，關係到國家的主權、安全和發展利益，關係到『一國兩制』正確實施。在這種大原則面前，全國人民，包括廣大香港居民，是不會答應進行妥協的。」

　　全體議員座談了兩小時，然後是官員與泛民單獨對話。這次，我和其他建制派議員一起離場，沒有參與第二節。李飛在會後總結說，泛民議員提出了4點意見：一、希望全國人大常委會不要提前「落閘」；二、普選要符合國際標準，沒有篩選；三、中央不要對國家安全問題過分憂慮；四、希望2016年的立法會選舉辦法可以改變，取消功能組別。

　　李飛反駁有些議員聲稱「不符國際標準就是假普選」，指「以自己能不能『出閘』（成為候選人）來解釋國際標準，是似是而非的一個概念」。

　　李飛說，「我回答了他們（泛民議員）提出的問題之後，有一位議員表示『頓開茅塞』，說明我講的還是有用的。」說「頓開茅塞」的是馮檢基；他解釋說，看到中央對「國家安全」和「國際標準」的演繹跟泛民有嚴重矛盾，令人頓開茅塞。

　　不過，多名泛民議員都覺得在單獨會晤時，李飛態度溫和，沒有攻擊民主派，顯示中央並未關上溝通的大門。

不受威脅

在深圳舉行的另外兩場政改座談會，安排跟立法會議員的一場相同：先由出席者按抽籤決定的次序發言，然後由李飛發言回應。

針對出席者對政改的態度，李飛在每一場的發言有不同的內容。人大政協的座談會是一場動員會：李飛號召「愛國愛港力量團結起來」，與中央和香港特區政府一起為實現行政長官普選而共同奮鬥。他在發言首先「講是非、講原則」：是非就是要不要遵守《基本法》，要不要堅持愛國愛港者治港；原則就是必須堅持普選辦法符合《基本法》和全國人大常委會有關決定，堅持行政長官必須由愛國愛港人士擔任。

李飛接着「講責任，講承擔」。他肯定了座談會上發言的人大代表和政協委員支持全國人大常委會對普選問題作出規定，並承諾努力推動香港社會凝聚共識，順利實現普選；他指這些意見體現了責任和承擔。最後，他「講團結，講合作」。他指出：「有些人明明知道他們的主張不符合《基本法》的規定，仍然執意堅持，以『佔領中環』等違反法律的活動要挾中央和特區政府，如果中央和特區政府不接受他們的主張，就要在立法會否決普選法案。」他問：「愛國家、愛香港、珍惜香港繁榮穩定的人們，在這個是非和原則問題上難道可以退讓嗎？」

出席第三場座談會的「社會各界人士」中，包括了泛民陣營的一些代表人物；李飛以「維護社會穩定，依法落實普選」為題的總結發

言，顯然是説給他們聽的。李飛直指：「香港某些人提出的觀點背後，其實貫穿着一個簡單的邏輯：這就是要求允許與中央對抗的人能夠通過普選擔任行政長官。按照香港《基本法》的規定做不到，就要求在《基本法》之外另搞一套所謂的普選辦法，如果不答應他們的要求，就不是『真普選』、不符合所謂的『國際標準』，就要『佔領中環』、搞公民抗命。」

他又説：「面對香港某些人的挑戰，愛國愛港力量已經行動起來，發起了聲勢浩大的『保普選、反佔中』大簽名活動和『和平普選大遊行』，表明廣大香港市民維護社會穩定的決心和信心。」

李飛發言的重點是這幾句話：「古今中外無數的歷史和現實經驗告訴我們，如果因為有些人威脅發動激進違法活動，就屈服，那只會換來更多、更大的違法活動。如果這樣，香港將永無寧日，國家將永無寧日。」這是對發動「佔中」的人提出警告：想以違法手段迫使中央在政改問題上讓步，結果只會適得其反。中央這個立場十分明確；泛民中人卻不以為然，包括一些「溫和派」。

大律師公會前主席陳景生出席座談會後，表示對李飛的強硬立場感到遺憾。「18學者方案」倡議人之一羅致光説，北京似乎不擔心香港有動亂，這令他感到不安；他認為如果政改拉倒，香港將出現亂局，香港人要付出代價。「佔中」發起人戴耀廷説，他相信中央不會因「佔中」而改變立場；但如果「佔中」「引發更龐大的社會回應，爆發出大規模的不合作運動，那仍有可能導致中央政府修正立場」。

深圳座談會結束數天後，人大常委會召開會議。一星期後，通過了「831方案」。

普選定案

2014年8月31日下午，全國人大常委會會議在閉幕前一致通過香港2017年可以普選行政長官的決定，並對普選辦法作出規定：（一）提名委員會的人數、構成和委員產生辦法按照第四任行政長官選舉委員會的人數、構成和委員產生辦法而規定。（二）提名委員會提名產生2至3名行政長官候選人，每名候選人均須獲得提名委員會全體委員半數以上的支持。（三）香港特別行政區合資格選民均有行政長官選舉權，依法從行政長官候選人中選出一名行政長官人選。（四）行政長官人選經普選產生後，由中央人民政府任命。

一個依照行政長官選舉委員會組成的提名委員會，不可能有過半數委員支持泛民人士成為行政長官候選人；規定候選人須獲得提委會委員半數以上的支持，等於對泛民人士參選落了閘。

「831決定」當天傍晚，泛民「飯盒會」召集人馮檢基宣布，泛民議員除了湯家驊和黃毓民之外，其餘25人一致反對人大常委會的決定，將綑綁式否決特區政府提出的政改方案。民主黨、公民黨和工黨的議員都分別出來表明立場，反對方案。

另一邊廂，建制派陣營紛紛表示支持人大常委會的決定；多名建制派人士勸告泛民不要否決方案，令政制發展原地踏步；更不要採取激烈行動，損害香港利益。我對傳媒說，人大常委會的決定是中央對普選行政長官的底線和原則，我希望各方人士冷靜下來，想想什麼是

主席八年下冊　時不再來

對香港發展最好的選擇。我又表示相信泛民有足夠的智慧作出正確決定，找出最佳方案。這些話聽來有點空洞，但那是我當時的主觀願望：我深知抗爭行動不可能迫使中央讓步；如果政改方案獲得通過，香港的政治體制還會有進一步向前發展的空間；如果方案被否決，我看不到還有什麼出路。

「831決定」當天晚上，「佔中行動」在添馬公園舉行集會，大會宣稱有超過5000人參加。「佔中」發起人戴耀廷形容當天是「香港民主運動最黑暗的一天」，聲言「對話之路經已走盡」；他呼籲市民參與公民抗命，依計劃「全面佔領中環」。學民思潮召集人黃之鋒在集會上宣布，在未來兩個月組織中學生罷課。

第二天上午，特區政府在亞洲國際博覽館舉行了一場隆重的政改簡介會，由林鄭月娥主持，行政長官梁振英作開場發言，然後由李飛、張榮順和（港澳辦副主任）馮巍3名中央官員講解人大常委會的決定。主要講者當然仍是李飛；人大常委會會議閉幕後，他連夜從北京飛來香港。

獲邀出席簡介會的各界人士共800人，包括全體立法會議員。多名泛民議員到了會場，不是去聽李飛講話，而是去抗議。簡介會一開始，梁國雄率先發難，在場內不停高叫口號，被保安人員帶離會場。接着，在李飛發言時，多名泛民議員站到座椅上，拉起「中央失信、剝奪民主」的橫額，高呼口號，簡介會被迫暫停，多名保安試圖拉下議員和他們的橫額。糾纏期間，場內其他出席者對示威議員報以噓聲，不少人站起來呼喝他們「出去」，最後泛民議員集體離場抗議。

並非倒退

　　全國人大常委會作出「831決定」之後，推動政改的下一步就是進行第二輪公眾諮詢，以確定在「831」框架內普選行政長官的具體方案。泛民23名「飯盒會」議員表明反對「831決定」，並宣布杯葛第二輪諮詢。「飯盒會」以外的4名激進議員更不用說；其中陳偉業呼籲全體泛民議員「總辭」，以增強「佔中」的氣勢。

　　我在中央官員面前說過，會盡力協助爭取政改方案獲得通過；我確實打算這樣做。我知道，要泛民接受一個符合「831決定」的政改方案，十分困難，但我認為並非完全沒有可能，關鍵在於兩個問題：第一，方案必須得到多數市民的支持，讓投贊成票的議員有民意作為依據。第二，要讓泛民成功爭取到某些東西，作為支持方案的條件；如果什麼都爭取不到，要他們「轉軌」支持一個他們一直說要反對的方案，叫他們怎樣向支持者交代？

　　關於第二點，我認為「831決定」不可能修改，但中央和特區政府官員都說過，2017年普選行政長官的辦法不是「終極方案」，以後還可以改進。雖然泛民說了不肯「袋住先」，不過如果中央對普選方案在2017年後的發展作出比較具體的承諾，泛民便有「袋住先」的理由。我知道這並不容易，但看不到有什麼其他出路。

　　至於第一點，即要爭取多數市民支持方案，那需要有一套淺白易懂的論述，讓大眾看到方案值得支持。泛民指中央違反了讓港人普選

行政長官的承諾，聲稱「831決定」是「倒退」。中央和特區政府的回應，不是呼籲泛民「顧全大局」，就是責罵他們違反《基本法》，沒有針對他們的指控作出有效的澄清，説服一般市民相信中央兑現了普選承諾，「831」方案是進步而不是倒退。

我認為可以更有效地推銷「831」。泛民説它是倒退，因為按原有的行政長官選舉辦法，只須獲得選舉委員會八分一成員的支持便可成為候選人，所以前兩屆都有泛民人士成功「入閘」；「831」卻規定，選委會變成提名委員會，而任何人要成為候選人，要得到提委會不少於一半成員的支持，那等於封殺了泛民，令泛民沒有機會「入閘」。

我向傳媒指出，這説法是作了錯誤的比較。原有的選舉辦法，「入閘」的條件是八分一選委支持，「出閘」的條件是贏得過半數選委的選票，而「出閘」的只有一人，他就成為行政長官人選，等候中央任命，市民只能旁觀。「831決定」規定的是將來「出閘」的條件，依然是過半數支持，但「出閘」將有2至3人，交給市民一人一票從中選出行政長官人選；至於「入閘」條件，屬於第二輪諮詢的議題，「831決定」並無限制，可以把它定為原有的八分一，甚至更加寬鬆。這樣比較，引進了普選的「831」，肯定比原有辦法進了一大步。

泛民忙着搞「佔中」，暫時沒有坐下來磋商的條件。政府計劃等待「佔中」結束後才推出第二輪諮詢，我也打算到時循各種途徑推銷我的説法，並分別約見泛民各黨派，試圖説服他們，「袋住先」遠勝原地踏步。

一切都要等到「佔中」過後。按「佔中」發起人的設想，那將在10月初進行，延續數天。

誰知道，「佔中」的發生和發展，完全不是發起人設想那回事。

書生造反

「我們估計會有上萬人參加。我們會和平地坐在地上。坐在前排的將包括李柱銘、陳方安生等國際知名人士。警方要清場，便要幾個人合力抬一個人，把我們逐個抬離現場。我們不會反抗，但整個清場過程估計最少要三天時間。這全過程都會由傳媒報道，包括國際傳媒；那場面將十分震撼。」「831決定」公布前大約一星期，「佔中」發起人之一陳健民給我描述「佔中」的預期情景。

和戴耀廷一樣，在發起「佔中」之前，陳健民跟特區和內地政府有良好的關係。他在香港擔任多項公職，不時到內地進行交流活動。我曾經聽過他的講座，覺得他是「溫和民主派」，思想一點也不偏激，對中國的態度相當正面。

當年8月初，我在外遊途中收到馮可強的短訊，邀我參加聯署一篇聲明，呼籲關注政改的各方人士為社會出現的兩極化對抗情緒降溫，創造磋商條件，尋求政改共識。當時，一方面是泛民陣營正為「佔中」造勢，另一方面建制陣營在動員一切力量「反佔中」。在這個時候出來叫大家「要對話，不要對抗」，兩個陣營都會覺得你跟他們唱對台，建制陣營裏有些人會很不高興。但馮可強把一部分聯署人的名單發給我，當中有陳婉嫻、陳智思、梁錦松、羅致光、陳永棋、徐立之和張信剛等；我相信他們都是懷着最大的善意，真誠希望政制可以向前走。我很樂意和他們站在一起，於是拋開顧慮，參加聯署。

聲明發表時，聯署名單共有 39 人。傳媒報道，陳健民看到聯署聲明，表示希望與聲明的聯署人對話，特別提到我的名字。我回到香港後，便收到他邀約會面的訊息。我約他到立法會附近午飯。我知道，2012 年政改方案在 2010 年成功通過，陳健民和多名「溫和民主派」學者在背後出了不少力。在飯桌上，陳健民縷述了他和其他學者從積極提出方案、爭取和中央對話，發展至發起「佔中」的歷程。我認為「佔中」對推動政制發展不會有什麼幫助，反而會製造障礙，不過我理解學者們的失望和不滿。

我看到，經過一段時間的醞釀，「佔中」已如箭在弦，不可能收回；不論人大常委會作出什麼決定，一場衝突是避免不了。陳健民不肯透露「佔中」實際進行的時間和地點，但他表示行動不會對香港的經濟和社會帶來很大損失：他們的目的不是要嚴重癱瘓市區，只是要營造一個有震撼力的、吸引國際關注的情景。我只能期望事件像他描述那樣，和平地進行、和平地結束，盡量少影響接下來的諮詢和對話。

黃毓民一直譏笑「佔中」發起人，說他們「書生造反，十年不成」。結果發動大規模抗爭行動的不是「佔中」發起人，而是激進的學生組織。他們到政府總部外集會，「重奪公民廣場」（攀過圍欄衝入當時封閉的政府總部東翼前地），引致大量人群連日在政府總部周圍聚集，迫使戴耀廷在 9 月 28 日凌晨在政府總部外宣布「佔中」提前啟動。其後就是金鐘一帶多條行車通道被示威人士堵塞，警方共施放 87 枚催淚彈，引起更多人參與示威，發生了持續 79 天的佔領行動，徹底改變了香港的政治形勢。

第十章　運動失控

通敵罪證

　　在政府總部周圍和金鐘一帶的佔領行動開始後第三天，即9月30日晚上，我收到黎智英的短訊，說他和李柱銘要和我會面，問我第二天有沒有空。那天是國慶日，早上我參加特區政府的升旗儀式和酒會，跟着約了友人聚會，中午出席馮可強組織的「溫和派」午餐會，之後便沒事。於是我覆他說下午可以，他建議兩點鐘到李柱銘在金鐘海富中心的辦公室。

　　國慶日升旗禮結束後，我又收到黎的短訊，說在金鐘見面恐太張揚；為避開記者，建議會面地點改到李柱銘在半山的住宅。我回覆說，這對我很不方便：我當天沒有自己駕車，早上是立法會的專車來我家接我，把我送往升旗禮的；如果午飯後要趕到半山，交通很困難。他們再商量之後，同意會面地點不變，還是在金鐘。

　　我依時到達李的辦公室，兩人已在等候。他們找我的目的，是向我提出結束佔領行動的條件。他們表示，情況非常凶險：參加佔領的人，特別是青年學生，情緒十分高漲；警方如果要武力清場，很難避免流血衝突，後果不堪設想。如果中央政府願意接受他們提出的妥協條件，他們可以盡力說服佔領人士和平散去。

　　我當然無權決定是否接受他們的條件，也沒有資格代表任何人跟他們談判。他們大概相信我可以當個信差，把他們的建議帶給中央。這也是我應約去和他們見面的原因：當時的情勢確實十分險惡，各方

面都在想辦法避免讓衝突演變成流血事件。他們兩人無疑對示威者有一定的影響力，我從他們那裏或許可以接收到一些有用的訊息，帶回建制陣營，可能有助解決矛盾。

可是，他們提出的條件是難以接受的。對於政改，他們說「831」方案可以「袋住先」，但中央必須給他們「第二個時間表」，即在實行「831」方案之後的下一屆，實現「真普選」。我說，爭取中央承諾「831」不是終極方案，或者可以；但要給改變提名辦法定下死線，我認為沒有可能。

他們提出的另一個條件更是完全不能接受：梁振英下台。我說，想也不用想；即使中央有意撤換行政長官，也不會讓人們看到那是佔領行動脅迫下的讓步。他們說，不換特首，最少要換個警務處處長。找斬釘截鐵地說，也不行；不用問也知道，中央不可能讓抗爭行動把任何官員逼下台。

我沒答允把他們提出的條件向任何方面轉達；事實上我沒有這樣做，因為我知道那些條件根本不可能被考慮。

我和他們談了大半個小時，離開時遇到《東方日報》的記者，原來他一直在外面等着。黎智英在我離開後數分鐘也接着在記者面前出現；記者拍到我和他「前後腳」從李柱銘辦公室出來的照片，即時發表了。當天晚上我收到友人來電，說我見了不該見的人，闖禍了，勸我「盡快向西環交代」。我說，我跟他們兩人沒有任何交易，沒有什麼值得交代。

我和黎智英先後從李柱銘辦公室裏走出來的照片，成為我「通敵」的罪證。有些人一直沒有忘記，每當我有言行令他們不悅，他們便會重新拿那些照片出來示眾，證明我從來不是好人。

最後通牒

「佔領行動」的方式和規模完全出乎所有人的意料，令走在行動前頭的學生組織鬥志高昂。學聯提出兩項要求：梁振英下台，人大常委會撤回「831決定」。他們發出「最後通牒」：政府如果在10月2日午夜之前不回應兩項要求，他們便將行動升級，包括包圍各個政府機關。

學聯的要求顯然是中央政府不可能接受的。中央如果作出任何讓步，就等於向人們表示，大規模的社會行動可以令中國政府屈服；對中央官員來說，這將「後患無窮」。中央電視台、《人民日報》和新華社分別發表報道和評論員文章，高調支持梁振英，支持香港警方依法處置違法佔領行為。前港澳辦常務副主任、全國港澳研究會會長陳佐洱接受內地傳媒訪問時說，要求全國人大常委會收回關於香港普選的決定，「絕對是徒勞，做不到」；他更指出，香港發生的「佔中違法行動」是「港版顏色革命」，「矛頭指向中央」。

外國政府和傳媒就佔領行動發出的訊息，加深了中央政府的戒心，進一步降低中央在政改問題上作出讓步的可能性。美國和英國政府發出的聲明，都對示威者採取肯定和支持的態度。英國《獨立報》把佔領行動叫做「雨傘革命」，這稱號立即被其他媒體採用，猶如證實了佔領行動有「顏色革命」的性質。

我向傳媒表示，中央政府絕對不可能撤換行政長官、不可能撤回

人大常委會的決定；學聯如果堅持他們的要求，等於關上了對話的大門。我又指出，大多數香港市民不願見到政改爭議令社會各方面發展陷入停頓，示威者不應阻撓政府處理關乎民生的重大問題。

建制陣營以及溫和民主派當中都有不少人提出同樣的意見，勸告示威者知所進退，避免令衝突升級。

但激進的學生組織完全無意退讓。國慶日午夜，學聯和學民思潮號召在金鐘「佔領區」的示威者轉往特首辦，有近千人響應；他們包圍了特首辦，高叫口號，要求梁振英下台、撤回人大常委會決定；他們又聲稱要在大樓外留守至梁振英上班，阻止他進入。第二天，梁振英沒有到特首辦，改在禮賓府辦公。

學聯當天向政務司司長林鄭月娥發公開信，要求公開對話，討論政改，但沒再堅持「梁振英下台」。晚上，距離學聯定下的「死線」不到半小時，梁振英和林鄭月娥在禮賓府會見傳媒，宣布林鄭將率領「政改三人組」盡快與學聯代表見面，討論政改問題。

梁振英在傳媒面前一再強調，「世界上任何地方，如果有任何示威人士包圍甚至衝擊、佔領政府大樓、行政首長的辦公室，或者警察總部等，問題和後果是嚴重的。」「這類集結、包圍、衝擊，是不能夠無限期繼續下去的。」他又特別聲明：「我是不會辭職的，因為我要繼續做好普選這個工作。」

政府願與學生對話的訊息，令本來緊張的氣氛暫轉緩和；誰知3日下午，在旺角發生反佔中人士和佔中示威者的暴力衝突，導致多人受傷。學聯指反佔中者是暴徒，呼籲旺角的示威者盡快離開，回到金鐘「佔領區」。至晚上，學聯宣布擱置與林鄭月娥的對話，化解危機的大門再次關上。

不准流血

　　學聯宣布擱置與政府對話第二天（10月4日星期六）下午，我收到羅致光的短訊，說他擔心在未來數小時內會發生災難性事件。傳媒報道，羅在差不多同一時間給參加佔領的學生發短訊，指政府總部的清場行動已迫在眉睫，「一些沒有一個香港人可以阻止的事情，會在未來數小時內發生」；他「含淚懇求」仍在政府總部外的人立即離開，還說那可能是他「向大家發出的最後一個訊息」。羅又表示，學聯擱置與政府對話，就是撤走了自己最後一道防線。

　　羅致光當時仍未加入政府，但他和政務司司長林鄭月娥有緊密的工作關係，深得林鄭信任，這是眾所周知的。他發出緊急呼籲，不會沒有根據。

　　當天中午，五間大學的校長曾到金鐘探望學生。其後「大學校長會」發表聲明，表示對情況深感不安，希望學生注意安全，盡快離開有危險的地方，又呼籲政府與學生盡快重啟對話，尋求解決問題的方法。

　　至傍晚，時任行政會議成員李慧琼在電台發出錄音呼籲，估計政府可能會以強硬行動清場，為避免流血，學生應盡快離開政府總部。接着，中學幾個主要議會、十八區校長會聯席會議和三十多名親泛民的大專學者都勸喻示威者立即撤離，特別催促學生立即返回學校或家中。新聞行政人員協會也發出緊急呼籲，提醒在政府總部附近工作的

記者,「在未來一段時間,需要特別注意自身安全」。

梁振英在當天較早時發表電視講話,聲明兩天後的星期一,「政府總部的出入通道必須恢復暢通,3000名政府人員可以順利上班,服務市民;中西區和灣仔區的道路不再堵塞,讓所有學校可以在星期一復課。」他強調,「政府和警方有責任和決心,採取一切必須的行動,恢復社會秩序,讓政府和七百多萬市民的工作和生活回復正常。」

梁振英的電視講話,被認為是對已持續多天的佔領行動發出的最後通牒;武力清場的恐慌頓時籠罩着金鐘集會現場。眼見情勢危急,多方人士奔走於示威學生和政府高層之間,盡力協助斡旋,希望避免發生流血事件。

結果,學聯和學民思潮同意作出讓步,讓出通道給公務員進入政府總部上班;學聯亦提出有條件與政府重啟對話,暫時化解了武力清場的危機。那是整個佔領行動裏最接近發生大規模流血衝突的一次危機。有傳聞說,林鄭月娥對化解這次危機發揮了重要作用。

另也有傳聞說,「928」之後,中央對特區政府處理示威事件發出了指令:「不妥協、不流血」。這指令發出後,在整個佔領行動過程,警方沒有再施放一枚催淚彈,也沒有使用任何比胡椒噴霧更厲害的武器,雖然有報道說警方曾調動大批橡膠子彈。

中央政府對處理佔領事件的參與程度有多深,我並不知道。3年後,習近平在中共「十九大」作報告。他總結剛過去5年(包括2014年)的經驗時說,中央「牢牢掌握」對香港的全面管治權,保持香港的繁榮穩定。這說明在處理佔領行動這重大問題上,中央不會袖手旁觀;也幸好中央沒有袖手旁觀。

外國干預

在「通敵密會」之後不久，我又闖了另一個禍。我接受有線電視訪問時，記者問：佔領行動有沒有外國勢力介入？我答：「我看不到。」

訪問播放後，其他媒體紛紛引述我說「看不到」那句話，並拿來與行政長官梁振英先前指有外部勢力介入佔領行動的說法作比較。我收到許多對我批評、譴責的信件和電郵，指我說「看不到」外國勢力干預香港事務，是瞎了眼，或者裝瞎。一位美洲華僑給我寄來一大疊剪報，內容是美國數十年來干預別國內政的報道。

我不會相信沒有外國勢力在香港活動。我注意到中央政府有關外國勢力介入香港事務的警告；我讀過不少關於「顏色革命」的資料，寫過文章評論美國介入多個國家的「民主運動」；我接觸過支持香港「民主發展」、在香港十分活躍的外國組織。前文提過的前美國駐港總領事楊甦棣曾親口告訴我，他擔任美國駐吉爾吉斯斯坦大使時，美國政府給當地的「民主力量」提供財政支援和人才培訓，發動了「鬱金香革命」，推翻了獨裁政府。香港有爭取「真普選」的大規模示威行動，美國怎會袖手旁觀？

在有線電視那次訪問裏，我也說了這樣一段話：外國一些以「推動民主」為使命的團體以至政府，一定會留意到香港這場醞釀了兩年的運動；如果他們對這場運動不聞不問，完全沒有想過怎樣參與，那就十分奇怪。

不過，我沒有看到外國介入佔領行動的「真憑實據」。當時有一些報道，繪影繪聲地說有國際集團在背後策劃和指揮香港的佔領行動。例如英國廣播公司（BBC）有一篇關於「奧斯陸自由論壇」的報道，指「來自全世界的民主活動家」正協助香港學生組織鬥爭。報道介紹了各地的示威搞手怎樣訓練示威者，同時指出在香港參加示威的人，有千人以上經過特別訓練。這是用張冠李戴的手法，把香港這場佔領行動說成是一個針對中國的國際大陰謀，由世界各地的人權分子合力策劃、指揮和培訓。

我說「看不到」外國介入，是有意質疑這類報道的真實性。當記者指出梁振英說有外國介入的證據時，我說：「可能他（梁振英）看到，我看不到；他看到很多東西是我看不到的。」這是實話實說，無意質疑梁的判斷；以他的職位，他當然可以看到很多我看不到的東西。

我並不熱衷討論是否有外國勢力介入的問題。外國勢力介入是必然的，但參加佔領行動的年輕人，不會認為自己是受了外國勢力的指使。我認為，社會出現對抗局面，主要原因是社會的內部矛盾；把問題歸咎於外部因素，對解決我們的社會矛盾沒有幫助。

然而，我確實犯了一個鹵莽的政治錯誤。「外國干預」已成為建制派和反對派之間爭論的焦點：建制派強烈指控在佔領行動的背後有外國勢力；反對派說「外國干預」是「廢話」，叫「拿出證據來」。我接受有線電視的訪問，「看不到（外國干預）」這句話不斷重播、不斷被引述，其他說了的內容沒有人理會，於是我就等於站到反對派那邊去了。

接近北京的朋友對我說，我的言論令中央有關部門十分失望。

木馬之患

　　佔領行動在9月底爆發時，立法會仍在休會中。新會期在10月開始時，佔領行動在社會上造成的分化對立，已反映到立法會裏：泛民議員都是佔領行動的支持者和參與者，建制議員則對佔領強烈反對。

　　「飯盒會」新任召集人、公民黨黨魁梁家傑公開表示，要把街頭的「佔領精神」帶到立法會內，進行長期抗爭。民主黨議員何俊仁亦聲稱，議會內外都會有「不合作運動」，泛民議員將會有很多做法令政府「頭痕」。

　　人民力量議員陳志全更威脅說，立法會復會後，泛民將全面杯葛政府施政，癱瘓政府運作。

　　泛民議員引進立法會裏的，不僅是「佔領精神」，而且是佔領人物。議員辦公室設在立法會綜合大樓高座各樓層；為方便各黨派議員的日常工作和活動，同一樓層裏的辦公室都分配給一個黨派或幾個友好黨派的議員。樓層裏的場地，包括會議室，就由該樓層的議員全權管理。佔領開始後，屬泛民議員管理的樓層，24小時向參加佔領的示威者開放，他們可以隨時以議員訪客的身份進入。這些樓層的辦公和會議場地，成為佔領行動的指揮中心、物資儲存庫和宿舍。一批佔領行動的策劃者在那裏開會、休息、吃飯、洗澡、睡覺。有傳媒刊登了在泛民會議室裏拍攝的照片，當中除了可以看到「大聲公」等示威物資外，還有摺床和枕頭被鋪。

這情況自然引起建制派議員很大反應。他們不但反對立法會的資源被示威者佔用，認為是濫用公帑；他們更擔心「特洛伊木馬」進入了立法會，成為心腹大患。反政府示威人士要「佔領立法會」、搞「港版太陽花運動」的威脅一直存在；現在示威者已進駐大樓，他們要衝擊立法會會議、攻佔會議廳，可以從大樓裏發動，防不勝防。我收到多名建制派議員的來信，要求行政管理委員會正視問題，採取有效措施，禁止示威人士任意進入立法會大樓。

但是，行管會不可能完全禁止議員接待「訪客」。在佔領的環境下怎樣規管立法會大樓的使用，行管會要認真研究。可是，泛民議員已經和參加佔領的示威者連成一氣；他們拒絕合作，行管會作了決定也難以執行。我向泛民議員指出問題，他們直認經常要和佔領人士開會，聲稱這是為了保持示威行動和平理性；如果他們不參與，行動更容易失控。對於容許示威者在大樓裏留宿，他們辯稱，示威者日間要留在「佔領區」，晚上才可以和他們開會；會議往往要開至深夜，讓他們留下來休息也很合理。

新會期的第一次立法會會議，原定在 10 月 8 日舉行。會議當然離不開討論佔領事件：泛民議員表明要在會議上追究警方向和平示威群眾施放催淚彈的責任，建制派則預告要調查佔領行動的背景和它對社會的影響。

那些日子，立法會大樓周圍已被示威者佔領。汽車不能開進立法會停車場，也不能駛近大樓入口。任何人要進入大樓，須步行數十米，穿過「佔領區」。建制派議員和官員都質疑，在這樣的環境下，是否適合在大樓裏舉行立法會會議，尤其當會議要辯論「惹火」的議題。

延期復會

　　對於立法會應否如期復會，建制和泛民議員有相反的意見。建制派議員擔心，進出立法會大樓要步行一段穿過佔領區的路程，與懷有敵意的示威者近距離接觸，很容易發生衝突，人身安全會受威脅，進入大樓也會受阻；他們反對在問題得到解決前召開會議。泛民議員把示威者視為他們的同路人，當然沒有這樣的顧慮，堅持要如期復會。

　　在原定復會日期前兩天，我邀請了幾個泛民黨派的代表到我的辦公室，探討立法會可以怎樣協助紓緩當時的困局。我又問他們，可否勸服示威者從一部分場地撤離，讓進出立法會大樓的議員和官員不受干擾。他們表示，在政府對示威者的訴求有實質回應之前，佔領行動不可能撤退；他們反而提出，要叫政府不要嘗試武力清場。對於進出大樓的人的安全問題，他們說，示威者都是和平的，不會對任何人造成人身傷害；至於語言上的衝撞，議員和官員都應該有勇氣去面對。

　　我擔心的主要不是議員行經佔領區的安全問題：憑我在現場的觀察，我相信佔領區裏的示威人士不會對議員作出粗暴的行為。可是，有了反東北發展示威者衝擊立法會大樓的前科，我們不能不認真評估立法會會議辯論佔領行動涉及的風險：辯論很可能引來激進示威者，在大量「和平佔領」人士的掩護下衝擊立法會；特別是在泛民議員的包庇下，經常會有一批示威者「駐守」在大樓裏，他們隨時可為衝擊行動當內應。另一方面，辯論也會吸引反佔領人士來到立法會大樓外，很容易與佔領示威者發生衝突；先前一些嚴重暴力事件，就是佔領示威

者和反佔領人士衝突引起的。

在原定復會日期前一天的上午，我和立法會秘書處開會，對召開會議的風險作了仔細評估，並就是否可以依靠警方維持大樓範圍的秩序與安全徵詢政府的意見。我們得到的結論是：沒法保障會議在安全的環境下進行。當天下午，距離復會原定時間不到 24 小時，我宣布取消翌日的會議，把復會日期延遲一星期。我指出，根據《議事規則》，立法會主席有權更改已公布的會議時間，可以將會議提前或押後。這權力從不輕易使用，但當時的情況非常特殊，並非一般情況可作比較。

這史無前例的決定獲得政府和多數建制派議員的支持，但惹來泛民議員和小少社會輿論的抨擊，指我袒護「不敢面對示威群眾」的議員和官員，放棄了履行立法會職務的責任。

我宣布延遲一星期復會，要解答一個問題：一星期後如果情況沒有改善，風險沒有降低，我們怎麼辦？我其實心中沒有底，但我知道復會不可能一延再延。我向公眾解釋說，我會在這個星期內和全體議員一起探討各種可行辦法，保證會議能夠順利召開。

在分別與各黨派醞釀之後，我召開行政管理委員會擴大會議，邀請所有議員出席。在會上，各黨派議員達成共識：第一，復會日期不能再延遲；第二，立法會會議不應另覓場地（事實上也不可能），須如常在立法會會議廳進行。

黃藍對陣

既然大多數議員都同意立法會不應再延期復會，亦不應另覓會議場地，行管會便集中研究如何保障立法會大樓的安全，減低會議受衝擊的風險。我們決定採取先前防範反東北發展示威者衝擊財委會會議的措施，限制人流：暫停大樓內為市民提供的服務，包括導賞團和兒童學習室活動；規定在公眾席旁聽立法會會議的人數在任何時間不得超過10人；安排沒有直接負責會議事務的秘書處職員在會議進行期間提早離開大樓。

針對有議員把參加佔領的示威人士引入大樓的問題，行管會決定：議員如果邀請訪客進入大樓，須提前一天把訪客人數以及訪客要使用的場地通知秘書處，讓秘書處在任何時間都知道大樓各處總共有多少訪客。我公開提醒議員：邀請訪客進入大樓活動，要注意大樓的安全和公眾的觀感；議員要為訪客的行為負責。

至於在大樓外佔領區的秩序，行管會無法控制。委員們同意：如果秘書處發現大樓周圍已經出現高風險的情況，例如示威人數激增且有擾亂行為，經評估認為有需要向警方求助，秘書長可以在徵詢立法會主席和內會正副主席之後，要求警方在大樓附近候勤，準備有需要時協助維持秩序。

示威者以佩戴黃絲帶為標記；反對示威的人便用藍絲帶表示支持警方執法。立法會復會當天，泛民議員都在襟前或臂上戴着黃絲帶，有

的手執黃傘；建制派議員則掛藍絲帶、穿藍衣、打藍呔。

　　官員出席立法會會議，不用擔心受到示威者騷擾。通往政府總部的行車路已經開通，官員的座駕可以駛進政總停車場；從政總步行到立法會的一段路，亦已清場，官員使用時，其他人不得走近。議員卻沒有得到同樣的保障：我們曾經嘗試在佔領區開出一條通往立法會停車場的行車路，讓議員可以乘車進入大樓，但這沒有成功；議員的汽車只能停在外圍，議員進出大樓必須步行穿過佔領區。建制派議員經過時，都會有示威人士高聲叫嚷，惡言辱罵，雖然沒有人對議員動粗。議員大都從容面對示威者的叫罵，沒有和他們發生衝突。

　　泛民議員原本計劃在會議開始前在會議廳內擺個黃傘陣，為佔領行動造勢；但他們臨時取消了計劃，改為在會議前召開記者會，譴責警方濫用武力，因為在立法會會議前一晚發生了「七警事件」。數百名示威者凌晨突然佔領行政長官辦公室大樓外的龍和道，警方採取清場行動，遇到示威者猛烈反抗。在衝突中，參加示威的公民黨社工曾健超在添馬公園高處向龍和道的警員潑「不明液體」，被附近的警員制服，壓住地上，雙手被反綁背後。7名警員把他抬到公園旁邊一個變電站外的陰暗角落，施以拳腳。這過程全被傳媒拍攝到，在電視新聞播出。

　　「黃」「藍」兩個陣營對「七警事件」都有強烈的反應。示威者和泛民議員指摘警員「使用私刑，無法無天」，要求追究警方濫用暴力的責任；建制派議員和反佔領人士繼續譴責違法佔領行為，加大聲勢撐警執法。

壁壘分明

　　在佔領行動中舉行的第一次立法會會議，開了兩天半，大部分時間離不開和佔領有關的議題。會議一開始，首先有譚耀宗和單仲偕分別代表建制和泛民議員提出呈請書。

　　在歐美多個國家，呈請書是公眾向政府或議會表達意見的工具；如果呈請書有足夠數量的公民聯署，政府或議會必須回應。香港早期的立法機關已有呈請書的程序，目的也是讓公眾人士向立法機關反映對某項法案或政策的意見。回歸前的立法局「會議常規」經多次修訂，最後規定呈請書由議員在會議上提出，如果有不少於20名議員起立支持，呈請書即交付專責委員會處理。這規定在回歸後保留在立法會《議事規則》裏，但起初沒有人留意，直至泛民議員發現它可以用來設立專責委員會。作為立法會裏的少數派，泛民議員如果動議設立專責委員會就某問題對政府進行調查，議案不易獲得通過。呈請書卻只需20名議員支持，便要開設專責委員會處理，門檻遠低於要通過一項議員議案。

　　譚耀宗提出的呈請書，要求對自9月底發生的「大規模違法佔據道路事件」進行全面調查，包括其組織策劃、資金來源、引起的公共秩序及安全問題、對香港各方面造成的影響、政府的處理手法，以及其他一切相關事宜。37名建制派議員起立支持，我依例宣布呈請書交付專責委員會處理。

單仲偕的呈請書指稱，示威者在 9 月 28 日「以和平示威方式提出真普選的訴求」，警方未有清晰提出警告，便使用催淚彈及警棍驅散示威者；其後，在旺角佔領區爆發的衝突，警方的處理手法明顯偏袒一方。呈請書要求徹查警方有否縱容黑社會行為及濫用私刑。25 名泛民議員起立支持；我同樣依例宣布，呈請書交付專責委員會處理。

我批准 5 名議員提出與佔領行動有關的急切質詢。其中 4 名泛民議員分別提問：當局有什麼防止警方對示威者不適當使用武器的即時措施？警方使用武器驅散和平集會人士時採用什麼決策機制？有什麼即時措施保障集會人士及新聞工作者的人身安全？警方向集會人士展示警告橫額的辦法會否立即檢討？另有一名建制派議員問：政府有否制定措施，緩減「佔領中環運動」對社會的影響？

5 項急切質詢一共用了四個半小時，60 名議員提出了補充質詢；大部分質詢由保安局局長回答；運輸及房屋局局長、商務及經濟發展局局長和民政事務局局長也分別回答了部分問題。

佔了該次會議時間最多的，是由梁家傑提出的休會待續議案，就「自本年 9 月 26 日起特區政府及香港警察處理市民集會的手法」進行辯論。共 61 名議員發了言，佔全體議員近九成。泛民議員猛烈抨擊政府和警隊，建制議員嚴詞譴責違法佔領；兩個陣營亦不時互相對罵。

陳偉業和陳志全兩人多次提出點算人數，令會議暫停；公眾席上有人擾亂秩序，被我命令離場。除此之外，會議沒有受到其他干擾，整體進行順利，儘管多名議員發言時情緒衝動、言詞激烈。

第一章

運動失控

201

第十一章 花到荼蘼

一波三折

　　特區政府2014年度勳銜頒授典禮10月18日星期六在禮賓府舉行（羅致光獲授金紫荊星章，是唯一屬於泛民陣營的受勳人士，但他沒有出席典禮）。典禮結束後，政務司司長林鄭月娥向傳媒發表談話，宣布政府與學聯的對話將在接著的星期二，即10月21日下午，在黃竹坑香港醫學專科學院大樓內舉行；雙方各派5名代表參與，政府的代表除了「政改三人組」成員外，還有特首辦主任邱騰華和政制及內地事務局副局長劉江華；會面預計長兩小時，整個過程將設現場直播，但場內不設觀眾席。

　　林鄭又透露，政府與學聯已達成共識，邀請一位大學校長主持對話；根據八大校長會建議，政府將邀請校長會召集人、嶺南大學校長鄭國漢擔任主持。

　　當天下午，學聯即表示對林鄭月娥公布的對話安排沒有異議，並定出會面5人名單：學聯秘書長周永康、副秘書長岑敖暉、常委羅冠聰和梁麗幗，以及常務秘書鍾耀華。

　　政府和學聯對話安排終於得到落實，我和立法會各黨派議員都表示歡迎。大多數人都衷心感到欣慰，希望對話最終可以導致佔領行動和平結束。政府和學聯雙方雖在10月初已表示了對話的意願，但到要落實時卻一波三折，一再拖延。首先是學聯要擱置對話，抗議警方在處理佔領示威者和反佔領人士衝突時手法不公正。其後，學聯重新表

示願意對話，於是政府派出劉江華等3名官員與學聯商討有關安排。開了3次會議之後，劉江華宣布，雙方達成共識，學聯代表將與「政改3人組」在10月10日下午會面，討論政制發展的憲制基礎和法律規定兩個議題。

但在劉江華宣布消息後不到半天，岑敖暉和鍾耀華卻公開表示，學聯對政府提出的兩個議題感到「失望」和「憤怒」，並聲稱他們的會面原則是「政治問題，政治解決」。會面能否如期進行頓成疑問。10月9日下午，學聯、學民思潮、「佔中」團體和泛民議員聯合宣布一系列配合佔領的不合作運動；他們又呼籲市民前往金鐘集會，觀看對話直播。當天晚上7時半，林鄭宣布，由於「不能接受有人利用公開對話的機會，鼓動更多市民參與佔領行動」，政府「很無奈和很失望地」決定暫時取消對話。

對於政府擱置對話，學聯馬上反擊，10日晚在金鐘舉行大規模集會，宣稱「政府拒絕對話，人民堅守街頭」。逾萬人到場，包括多名藝人和泛民議員。上台發言的人呼籲市民帶同帳篷到金鐘通宵佔領，要讓夏慤道成為「民主大本營」，迫使政府接納「真普選」訴求。他們誓言，政府一天不退讓，他們一天不會從街頭撤退。

矛盾似乎在不斷升溫。然而一星期後，卻出現了戲劇性的轉機。促成轉機的，是一位高人在背後斡旋。

10月16日，政制及內地事務局局長譚志源到立法會出席會議時向傳媒透露，政務司司長林鄭月娥已委託一位「德高望重的中間人」，協助重啟與學聯對話，可望水到渠成。兩天後，林鄭便宣布對話安排落實。這「德高望重」的人是誰，政府一直沒有揭曉；有傳聞說是時任中文大學校長沈祖堯。

不能妥協

在佔領行動的整個過程，所有人，不論屬於什麼黨派——建制派抑或反對派、「鷹派」抑或「鴿派」——自始至終都不願見到衝突演變成流血事件，都希望佔領可以和平結束，雖然對佔領的後果各有不同的期望。所以，看到政府和學聯終於可以對話，很多人都鬆了一口氣，希望對話可以打破僵局，為和平解決佔領衝突找到一條出路。

這場千呼萬喚始出來的「世紀對話」，成為全城關注的焦點。不過，學聯和政府在對話前夕各自發出的訊息告訴人們，不能對這次對話的成果有過分樂觀的估計。學聯表示，他們將在會面時向政府提出3項訴求：向人大常委提交真正反映香港民意的補充文件、爭取公民提名以及廢除功能組別；如果政府不能即時接納，便應擱置政改，並且交出落實這些訴求的時間表。政府一方則準備「打誠意牌」，通過對話直播，向公眾再次解釋人大常委會的決定，說明「提交補充文件」和「公民提名」等要求不符合有關決定和《基本法》，並游説學聯，即將進行的政改第二輪諮詢仍有增加民主成份的空間。

對話黃昏6時開始。上百名記者在現場報道，各電台和電視台作現場直播。雙方先各自表述立場，然後有90分鐘辯論時間，最後每方有10分鐘總結。我在當天下午和晚上都要出席公開活動，沒機會收看直播。從事後的新聞報道看到的對話片段，我覺得雙方的表現都很值得讚賞。政府官員解釋政改必須依從的原則，清楚、堅定而有耐性。至於學聯的幾名代表，顯然事前為對話做足了準備工夫；儘管我不能完

全同意他們的觀點，但不能不欣賞他們的辯才和不卑不亢的態度。

　　但一如所料，對學聯提出的「提交補充文件」、「修改《基本法》」和「改變人大常委會決定」等要求，政府官員只能説不。林鄭代表政府作總結，提出4點回應：一、在第二輪諮詢期內繼續對話；二、2017年的普選方法並非終局，日後仍可進一步完善；三、設立包括學生代表在內的多方平台，討論2017年後的政制發展；四、特區政府向國務院港澳辦提交「民情報告」，反映人大常委會決定後發生的罷課、佔領等事件。

　　學聯要求政府向中央提交補充文件，等於否定行政長官先前向中央提交的政改報告，承認該報告沒有準確反映民意，政府當然不能同意。同時政府亦指出，「政改五步（部）曲」不容許提交「補充文件」。政府以提交「民情報告」回應，既不是修改或「補充」行政長官的政改報告，也不會牴觸「五步曲」的規定程序。這個主意據説是「德高望重的中間人」向學聯「摸底」後給政府提供的，認為這是雙方都可以接受的一個做法，讓學聯有一個下台階。

　　對話結束後，雙方禮貌地握手離場。林鄭向傳媒表示，希望學聯感受到政府的誠意，以後有機會再與同學們理性平和地對話。

　　誰知學聯的代表一回到金鐘佔領區，便變了臉，指政府對他們的要求沒有實際回應，又罵官員説話「內容空洞」、「玩花招」。他們呼籲示威者繼續佔領，拒絕撤退。政府深夜發表聲明，對學聯的態度表示失望。

群龍無首

學聯代表出席與政府對話後回到金鐘佔領區的表現，證實了政制及內地事務局局長譚志源先前對佔領團體的批評。在政府宣布擱置原擬在 10 月 10 日舉行的對話後，譚志源在一個記者會上說：「我們的感覺是龍門不斷地被（佔領團體）搬動；早、午、晚都有不同的訴求。同一個團體，Ａ君說完之後，Ｂ君又有另一種說法。就算我們有一些初步共識，得來的答案都是說，『我只可以代表自己，代表不了其他所有人或團體。』在這種環境下，特區政府沒有辦法（與佔領人士）展開任何有意義的對話。」

經「中間人」努力斡旋，政府相信學聯有意尋找退場的辦法，於是同意對話，並在對話中拋出向港澳辦提交民情報告的承諾。

政府消息說，這是政府可以做到的極限。憑「中間人」傳遞的訊息，林鄭月娥相信這建議會獲得學聯接納，作為結束佔領行動的下台階；她花了很大力氣，說服中央政府和行政長官，同意她作出這個承諾。

與學聯的對話結束時，林鄭和其他 4 位出席的官員都對會面的成果感到滿意。他們前赴禮賓府享用梁振英為他們準備的消夜；既是慰勞，也是慶功。豈料各人一回到家裏，便從晚間新聞看到幾名學聯代表回到金鐘後對政府的抨擊和叫示威者繼續佔領的呼籲。這怎不叫政府官員們感到驚訝、失望和氣惱？

其實政府不應怪罪幾位學聯代表；問題不在他們身上，不是他們故意亂搬龍門。問題是他們「代表不了其他所有人或者團體」。

這幾個「代表」可能相信政府的誠意，認為政府的回應值得接受；他們甚至可能向「中間人」表示過肯定的態度，令對方把這訊息傳給政府。但當他們回到佔領區，碰到其他人有不同意見時，他們便被迫改變自己的立場和態度。

這是整個佔領運動的癥結：沒有代表，沒有領導，誰都不能說了算。由學聯、學民思潮、「佔中」發起人和立法會泛民議員組成的「四方聯盟」，算是運動的領導。但這四個板塊各有不同的主張，經常不能協調出一致的意見。有時示威者聽從某方的意見撤離了一個地點，另一批示威者按另一方的指示又重新把該地點佔領；剛移走了一批鐵馬，又有人把鐵馬再搬回來。

四個板塊當中，我接觸得最多的自然是泛民議員。他們都知道佔領不應該拖下去，拖得愈久，便引起愈多市民的反感。他們也試過勸說示威者撤離一部分場地，但不一定成功（例如「長毛」曾經說服示威者讓警方清除行政長官辦公室大樓附近龍和道的鐵馬，但警方要動手時，卻遭另一批示威者攔阻）。至於要結束整個佔領行動，更不是泛民議員可以決定得了。

泛民議員本來應該比其他人有更高的「江湖地位」：他們當中不少人開始搞政黨、選議員時，學聯和學民思潮的娃娃們還未出世。可是，他們在佔領運動中卻似乎只能扮演配角。（據黃毓民的觀察：「黃之鋒根本不把泛民議員放在眼內。」）連政府也看扁了泛民，寧可與學聯對話，也不會去諮詢這班按《基本法》有權監督政府施政的立法會議員的意見。

愈走愈激

官學對話後發生的「廣場公投」事件，再次暴露了佔領運動決策混亂。

對於政府在對話中提出的建議，學聯研究了兩天後作出回應：第一，政府向中央提交的民情報告，要有可影響人大常委會決定的憲制效力；第二，政府設立的多方平台，不能只討論2017年後的政制發展，也要討論2016年立法會和2017年行政長官的選舉安排。學聯秘書長周永康和「佔中」發起人戴耀廷同時宣布，接着的星期日晚上8至11時，將在金鐘集會現場進行一次「廣場公投」，待決議題是民情報告應否具有憲制效力，以及多方平台應否處理2017年及之前的政改問題。

過了一天，「佔中」發起人、學聯和學民思潮又聯合宣布，「廣場公投」的議題是：民情報告必須包括建議人大常委會撤回「831決定」，多方平台必須確立2016年立法會廢除功能組別、2017年特首選舉要有公民提名。他們又宣布，投票將於星期日和星期一，一連兩天晚上7時至11時進行；投票範圍將擴大至所有3個佔領區。戴耀廷強調，「廣場公投」並非撤退機制，而是要讓佔領行動的參與者表明立場，向政府施壓。

修改後的「公投」議題，比前一天提出的激進得多，特區政府決不可能接受。泛民議員並沒有參與議題的擬定；他們擔心，拿這樣的議

題在佔領區進行「公投」，必然以大比數獲得通過，這等於斷絕了與政府對話的可能，同時令退場更加困難。不少佔領人士也質疑「公投」的議題、模式和作用；佔領區出現了反對「公投」的海報；海富中心天橋有人掛起了「暫緩公投」的巨型標語。

原定進行「公投」的星期日下午，學聯、學民思潮、「佔中」發起人和泛民議員聯合宣布擱置「廣場公投」，並且集體鞠躬道歉。戴耀廷解釋，他們當天早上開會總結市民意見後，一致決定擱置投票，但強調這不等於運動停止，呼籲市民繼續到佔領區討論運動發展方向。學聯秘書長周永康、學民思潮召集人黃之鋒和泛民議員代表梁家傑先後發言，承認對「公投」考慮不周，未有充分徵詢市民的意見，向 3 個佔領區的示威者道歉。

學聯沒有把握與政府對話的機會籌劃退場，反而提出更激進的要求，並企圖以「公投」向政府施壓，這令曾經努力協助促成對話的「中間人」感到灰心失望。中文大學校長沈祖堯在臉書貼文說：「無論怎樣的勸導，都不能打動你們抗命的決心，我們只能泯在一片憂心與無奈之中。」

另一位相信是「中間人」的學者、港大政治與公共行政學系教授陳祖為也對學聯在對話後的表現感到失望。他在電台節目分析說，「佔中」發起人和學聯為求保住在佔領行動的地位，被激進分子綑綁，「愈走愈激，最終被一些最激者騎劫」。他指出，運動現在群龍無首，陷於分裂。他又說，雖然「撤退」二字一提起就會有人批評，但學聯沒有改變現狀的策略，僵持下去只會被公眾唾棄，最終導致武力清場。作為負責任的組織者，學聯應拿出勇氣，勸說示威者退場。

在大學任教的戴耀廷和陳健民，宣布返回校園恢復教學工作；雖然他們強調，復教不是退場。

連番碰壁

　　學聯和學民思潮（「雙學」）認為，要維持抗爭的氣勢，便不斷要有升級的行動。「廣場公投」失敗之後，他們又提出另一個主張：泛民立法會議員辭職，引發「變相公投」。

　　這不是新發明；2010年社民連和公民黨就曾經發動「五區總辭、變相公投」。當時，民主黨拒絕參與，泛民陣營分裂；同時由於建制派全面杯葛，投票率遠低於兩黨定下的目標，起不到「公投」的作用。

　　對於要重施故伎，泛民議員當然不會有很大積極性。況且，在2010年兩黨的「總辭」之後，立法會已修改了選舉法律，禁止辭職議員參加補選；議員辭了職，再不能像上次那樣，通過補選返回當屆的立法會。

　　泛民對「辭職公投」還有另一個爭議的問題。上次的「公投」，要在5個地方選區各有一名議員辭職，才可引發全港性的補選。這一屆立法會多設了由區議員提名、全港大部分選民投票選舉產生的「超級區議會」議席；只要有一名這類議員辭職，便須進行全港性補選。這當然要比5人辭職划算得多。本身沒有「超級」議席的公民黨，便極力主張由「超級」議員辭職；但擁有兩個「超級」議席的民主黨，則認為辭職的應是5個分區直選議員，由泛民黨派各分擔一個。

不過，根本的問題是「辭職公投」到底應該發揮什麼作用？可以有什麼作用？「公投」的結果可以影響政府提出的政改方案嗎？民主黨認為，「公投」要有意義，必須與佔領行動退場掛鈎，但「雙學」卻反對。拿什麼作「公投」的議題，也無法取得一致的意見：「公投」的議題必須是簡單的是非題；問「要不要否決政府按『831決定』提出的政改方案」嗎？泛民早就聯署承諾了否決，如何多此一問？問「要不要『袋住先』」嗎？民調顯示贊成「袋住先」的人可不少，萬一投票結果說「要」，怎麼辦？除了「831」和「袋住先」，還有什麼值得拿來「公投」的議題？

　　然而，儘管多數泛民議員並不認為「辭職公投」是個好主意，他們卻沒有一開始便表示反對；除了因為他們拿不出更好的主意，更加因為他們不想（不敢）被「雙學」看成是抗爭行動的阻力。從10月底開始，由「雙學」、泛民、「佔中」發起人和多個激進「公民團體」組成的「五方平台」，舉行多次商討「辭職公投」的會議，談了幾個星期仍無法達成共識，終於胎死腹中。

　　在同一期間，學聯策劃的「闖京」行動，亦以失敗告終。亞太經合組織領導人會議（APEC）11月5日至11日在北京舉行。在「五方平台」10月底的會議上，學聯秘書長周永康提出，要在APEC峰會期間前往北京，要求與國家領導人對話。其後學聯宣布派出5人，在11月8日上京。他們貿然闖關，有可能找到中央官員對話嗎？稍有常識的人都不會相信。在聽到不少批評他們想法幼稚、不切實際的意見後，周永康等人改變主意，先發信給全國政協副主席董建華和人大常委范徐麗泰，要求他們安排學聯代表與中央官員會面。二人沒有回應；周永康等4名學聯成員自行購買機票，11月15日下午乘搭飛往北京的國泰航班。他們在機場辦理登機手續時，被告知內地有關部門已註銷了他們的回鄉證，他們不能登機。

譴責暴力

佔領運動開始以來，立法會大樓外的示威區和廣場上搭滿了帳篷，愈來愈多，愈來愈密。這對議員和工作人員進出大樓造成不便，但沒有威脅他們的安全：佔領區裏的示威者大都十分平和，有些還表現得很友善，不會作出任何暴力行為。沒有人嘗試衝擊大樓或者阻礙立法會進行會議——直至11月19日。

11月18日晚上10時許，數十名戴着頭盔、眼罩、口罩或面具的示威者在立法會大樓外聚集，有人用頭盔敲打公眾入口的玻璃門，試圖闖入大樓，但沒有成功。他們轉到夏慤道，揚言要「拆大台」、「解散糾察隊」，引起佔領區的其他人跟他們對罵。至凌晨時分，這批「口罩黨」返回立法會大樓外，突然採取暴力行動，用鐵馬、磚塊和水泥渠蓋猛烈撞擊大樓的玻璃門。立法會秘書處報警求助。警員接報到場，在大樓外設立封鎖線。有佔領區的示威人士加入衝擊行動，有人用雨傘和雜物擲向警員，並與警員推撞。警方使用胡椒噴劑和警棍，與示威者搏鬥。衝突維持至凌晨4時後；警方拘捕了6名涉嫌「刑事毀壞」及「襲警」的示威者，其餘鬧事者在天亮前散去。

我在19日早上返回立法會，在秘書長陪同下查看大樓被毀壞的情況，半年前反東北發展示威者攻擊大樓後的情景重現眼前。只見兩扇玻璃門嚴重破壞，其中一扇被撞穿了一個大洞；另有5塊幕牆玻璃明顯受破損，立法會餐廳旁邊一幅石牆被搗毀。大樓外的示威區一片零亂，多個水泥渠蓋被揭起、打碎；砸爛了的垃圾桶、玻璃碎片和磚塊散

滿一地。

　　衝擊大樓的人，顯然不是一直留在佔領區的示威人士。據傳媒報道，衝擊者是激進組織的成員，他們聲稱反對「網絡23條」（網民對《版權（修訂）條例草案》的叫法，因為他們認為該條例扼殺網絡創作自由）；有人在網上訛傳「網絡23條」將在19日的立法會會議表決通過，於是他們要阻止該次會議。

　　特區政府、警方和建制派議員都強烈譴責衝擊大樓事件；建制派議員集體給我寫信，要求行政管理委員會加強大樓的保安措施，並從速申請禁制令，要求佔領人士撤離立法會周圍的場地，令立法會可以恢復正常運作。泛民議員和「佔中」發起人都和衝擊事件劃清界線，齊聲譴責「暴徒行為」；他們指斥發動衝擊的人用假消息誤導群眾捲入事件，令佔領行動被暴力行為玷污。

　　我在19日下午召開行管會會議，檢討大樓的保安措施。會議後我會見傳媒，嚴厲譴責衝擊大樓的暴力行為。我指出，雖然衝擊行動不是駐紮在佔領區的人士發起，但他們實際上協助了暴力衝擊，因為他們妨礙了立法會保安組和警方及時採取應對措施：警方為要避免穿過佔領區，引起佔領人士的敏感反應，於是要繞道添馬公園前來立法會，拖延了到場時間，影響了行動效率。

　　我亦趁機指出，立法會廣場布滿了帳篷，衛生和安全問題愈來愈嚴重。帳篷中有發電裝置，又有燃油；加上汽車通道被堵塞，萬一發生火警，消防車也駛不進來。

　　我呼籲佔領人士，認真考慮退場。

失去光環

　　「雙學」沒有和泛民議員或者「佔中」發起人一樣,跟衝擊立法會的行動劃清界線。學聯雖然也批評衝擊行動,但始終不肯說出「譴責暴力」的話,只說衝擊者撞破玻璃門後散去是「不負責任」,形容那是學聯「不願意見到的行為」。

　　至於學民思潮,在衝擊事件發生後的上午,黃之鋒表明,不會用「譴責」字眼批評衝擊人士,因為相信他們同樣主張「真普選」和公民提名,同樣反對人大常委會的決定。這態度受到各方責難之後,學民思潮到晚上發表聲明,譴責衝擊者「只攻不守」和「攻完就走」的做法「為其他包圍立法會的行動者造成更大風險,也忽略公民抗命的本意就是願意在行動後承擔法律責任」。但1500多字的聲明,內容絕大部分是指摘政府漠視民意,令市民憤怒;又質疑警方任由示威者撞擊玻璃門,「存有不為人知的政治動機」。

　　當時的香港社會,對暴力還是不能容忍的。佔領運動一直獲得很多市民支持,主要是由於運動標榜「和平」;警方用催淚彈對付和平示威者,正是促使很多人同情示威者甚至加入示威行列的原因。對於暴力衝擊立法會的事件,社會輿論幾乎一面倒予以譴責,包括一貫支持學生的學者。被認為實際上主導了佔領運動的「雙學」,對衝擊事件卻採取祖護的態度,讓人們很容易把暴力衝擊這筆賬算到佔領運動之上。衝擊立法會的事件,成為佔領運動失去道德支持的轉捩點。

至11月下旬，人人都看到，佔領運動已失去贏得市民支持的光環；堅持下去，根本不能迫使政府作出讓步。「雙學」重提泛民議員「總辭」引發「公投」的方案，認為借「公投」把抗爭從佔領區擴展到全社會，是最好的退場辦法；但泛民議員對這議題已不願積極考慮。「雙學」裏有人建議無論如何都應主動退場，但主流意見反對，認為應堅守佔領區，等待警方清場。

　　不但要堅守，還要把行動升級。11月底的一次「五方平台」會議上，「雙學」建議發動圍堵政府總部。泛民議員都提出反對，但「雙學」堅持，認為升級行動可增加對政府的壓力。議員表示尊重學生的決定；泛民各黨派不參與、不協助動員，但他們的法律團隊會給行動提供支援。

　　11月30日晚，「雙學」在金鐘發起集會，宣布要包圍政總。在「對準政權！包圍政總！」的口號聲中，數千集會人士戴上眼罩和頭盔，手持自製紙皮和塑膠盾牌，衝往政總。早已在場布防的4000多名警員組成人鏈，揮動警棍和施放胡椒噴霧對付示威者。

　　示威者與警方通宵激戰，至翌日清晨，所有示威者被驅離政總，至少40人被捕，多人在衝突中頭破血流，有人跌倒後遭踏傷；亦有警員被示威者擲物擊中。醫管局轄下醫院急症室接收了至少40名在衝突中受傷的個案，警方則稱有十多名警員受傷，其中一人中拳暈倒，送院時昏迷。

　　當天傍晚，學聯秘書長周永康、常委梁麗幗以及學民思潮召集人黃之鋒會見記者，承認升級行動失敗，未能達到癱瘓政總的目標，並對有示威者受傷深表遺憾及致歉。

　　這是壓垮駱駝的最後一根稻草。

自首退場

學生包圍政總行動失敗後第二天,「佔中」發起人戴耀廷、陳健民和朱耀明(「佔中三子」)發表《告市民書》,宣布一天後(即12月3日)到警署自首,承認違反《公安條例》,參與未經批准的公眾集結。《告市民書》說,「公民抗命是以和平非暴力、有限度違法的方式追尋公義。由於其目的不是要破壞法治,抗命者應勇於承擔法律後果」;「佔中三子」決定自首,以「體現這種承擔精神」。

「三子」的「集體自首」計劃已醞釀多時。他們發起「佔中」,原來的設想是在一個預定的時間,有上萬名市民和平地聚集在某個地點,從容地、不抵抗地讓警員逐個把他們搬走,拘捕、檢控。誰知「雙學」打亂了他們的部署,「佔中」變成不由「三子」指揮的、完全失控的佔領行動,「三子」憧憬的震撼、壯觀的和平清場情景沒有可能實現。在佔領行動初期,「三子」已提出集體自首退場的建議:組織成千上萬的佔領人士一起到警署自首,同樣會有震撼力;佔領隨而結束,可以其他方式在社區繼續抗爭。這建議當時沒有得到「雙學」和其他佔領團體採納。

戴耀廷和陳健民在10月底宣布返回大學任教時,再次提出佔領運動應考慮早日自首、「光榮退場」;陳健民指出,「盡快自首才可令社會明白公民抗命的意義」。但是,自首的建議仍然沒有得到多少響應。至11月中,支持佔領的民意已明顯逆轉:市民看不到運動帶來什麼正面的成果,卻要長期忍受堵路對日常生活的妨礙和對經濟活動的損

害，這令支持者愈來愈少，反對者愈來愈多，佔領運動正逐漸「陰乾」。

在11月21日的「五方平台」會議上，「佔中三子」正式提出他們自首和退出佔領行動的方案：他們將於兩星期後即12月5日自首；「佔中」秘書處及轄下小組隨即停止運作並退出佔領區，「佔中」成員可以個人名義留守，但「佔中」不會再以組織名義參與佔領運動。接着，「三子」陸續約見「佔中」的義工和成員團體，包括泛民議員，分別向他們解釋自首退場方案。

「佔中三子」決定自首退場的消息，對佔領運動起了進一步分化瓦解的作用。留在佔領區的人當時已在不斷減少；留下的也失去了運動的目標和方向，他們不肯退場，主要是不甘心「無功而退」。「三子」提出自首退場，一部分決意留守的人認為被他們出賣了，十分反感；但也有人因「三子」退場而動搖了留守的決心。

「雙學」堅決反對自首退場。許多先前簽署了意向書參加「佔中」的團體和人士，包括大部分泛民議員，也決定不參與自首；他們表明，意向書的承諾是「接受拘捕」而不是「自首」，他們寧可留守在佔領區，等候警方清場拘捕。泛民「飯盒會」召集人梁家傑表示退場時機尚未成熟；人民力量議員陳偉業更批評，「三子」在佔領運動風雨飄搖之際發起自首，是「落井下石」。

「雙學」在「三子」自首前搶先發動包圍政總，釀成暴力流血事件。「三子」擔心學生再有升級行動，決定提前自首，並公開呼籲學生撤離佔領區。

事先張揚的自首行動，並沒有出現「千萬人集體自首」的光榮悲壯場面。追隨「三子」到警署自首的，只有數十人。

第十二章 無功而退

清場開始

「雙學」不肯主動退場，佔領運動只能以「清場」告終。

最先被清場的是立法會綜合大樓對面中信大廈周圍的馬路和行人路。執行清場行動的並不是警方，而是中信大廈的業主。業主指大廈出入口被阻塞，造成不便及安全問題，向法庭申請禁制令，禁止示威者繼續佔領有關位置。法庭發出臨時禁制令，並指示執達主任全力協助原告人清場；如有需要，原告人可向警方求助。

11月18日早上，20名執達主任來到中信大廈外面，向在場人士宣讀臨時禁制令的內容。然後，中信大廈業主派出的十多名代理人開始移除佔領人士在大廈周圍設置的鐵馬和其他障礙物；數百名警員在旁戒備。

在公眾地方設置障礙物是違法的，警方有權力也有責任加以制止。現在向法庭申請禁制令去清場的，是私人機構而不是特區政府；警方只是按法庭指示協助私人機構清場，在清場過程中如果有人阻撓，警方可以該人涉嫌藐視法庭而予以拘捕。公眾地方被「佔領」多時，警方為什麼沒有主動執法清場，要待私人機構向法庭取得禁制令，才協助私人機構清場呢？

有議員在立法會會議上提出了以上問題。律政司司長袁國強回答說，警方肯定有法定權力就非法行為採取執法行動，但政府「不希望出

現流血事件」，所以「一直採取忍讓的態度，希望尋找適當時機才進行執法」。他特別指出，這解釋了特區政府處理佔領行動所採取的態度。至於怎樣才是執法的「適當時機」，袁國強沒有說明；但可以看到，如果沒有私人機構採取主動，政府會讓佔領行動延續更長的時間。

中信大廈的清場過程大致順利，沒有遇到示威者的抵抗，在場戒備的警員不用出手。當天下午，堵了50天的道路重新通行。

一星期後的旺角清場，同樣是由私人機構推動的。這次申請禁制令的，是業務受堵路影響的小巴公司和的士團體。旺角佔領區清場，範圍比中信大廈那邊大得多。而且最激進的示威者多在旺角聚集；先前與佔領有關的嚴重暴力事件都在旺角發生。

所以，警方對清場行動可能遇到的抵抗和引起的衝突作了充分估計，出動6000警力，準備隨時介入，協助清場。

代理人清除路障的行動從早上開始。由於不斷受到佔領者的干擾，進度十分緩慢。到下午一時許，「雙學」的主要成員和幾名泛民議員到了現場，對清場行動多方阻撓；有示威者在佔領區馬路上集結，不肯離開。執達主任於是要求警方協助維持秩序，大批警員進入佔領區，把馬路上的人群驅趕回行人路，其間制服和拘捕多人。至下午4時，大部分路障已被移除，旺角部分馬路恢復通車。到了晚上，上千名示威者又湧至區內，與警方對峙。警方向人群噴射催淚水劑，示威者戴上口罩、眼罩，高舉雨傘和自製盾牌抵抗。

第二天，警方接手清理路障的行動，沿彌敦道向尖沙咀方向推進，沿途清除障礙物，遇有示威者反抗，即迅速將其制服抬走。

至下午3時，癱瘓了兩個月的彌敦道，南北行六線全部恢復行車。

佔領落幕

　　中信大廈周圍和旺角佔領區先後成功清場後,私人機構憑法庭發出的禁制令執行清場、執達主任協助、警方參與,便成為佔領區清場的標準模式。公眾的注意都集中到佔領運動的主場——金鐘;陸續有人就金鐘佔領區裏被堵塞的幹道——夏慤道、金鐘道和干諾道中——申請禁制令。

　　12月9日傍晚,警務處助理處長(行動)張德強在記者會上宣布:高等法院已就中環及金鐘被佔領的路段發出禁制令,警方將全力協助執達主任在12月11日執行禁制令。張德強表明,屆時會在中環和金鐘佔領區全面清場:「在完成執行禁制令之後,警方將移除中環及金鐘一帶其他道路和行人路上的障礙物,開通附近各條道路。」他又預告:「銅鑼灣一帶仍被非法佔領的路段,警方會稍後在適當時候移除障礙物及開通道路。」

　　11日早上9時,獲發禁制令的原告人代表律師和執達主任到達中環干諾道中大會堂附近,宣讀禁制令;數十名頭帶白色頭盔、身穿反光衣、帶上證件的代理人,10時半開始分批用鐵鉗等工具拆除馬路上用水馬和鐵馬組成的路障。佔領人士在場圍觀,沒有阻撓。至下午一時,禁制令範圍的清障工作順利完成。

　　警方隨即宣布將佔領區及附近的夏慤道、添華道和添美道一帶列作行動區,下午2時後執行清場,要求市民於限期前離開,否則將記

錄個人資料，日後追究。警方動員數千警力，組成數排人牆，從干諾道中、告士打道及立法會道分三路向佔領區推進，沿途移除帳篷和障礙物；食環署人員隨後清掃道路，多輛垃圾車把清除出來的雜物收集運走。

在警方指定期限過後離開的示威者有 900 多人；警方記下他們的資料，表示日後可能追究法律責任。一批佔領行動的頭面人物留在佔領區等待拘捕，包括泛民各黨派的立法會議員和核心成員、「雙學」和「民陣」的領頭人以及李柱銘、黎智英等參與行動的知名人士。他們在政府總部對開的夏愨道路面坐下，手挽手組成人鏈。下午 4 時，警方作出最後警告，指不肯離開的示威者涉嫌「阻礙警務人員執行職務」及「參與非法集會」，將作出拘捕。示威者不予理會，繼續留在原地，高呼口號。警員於是逐一將他們帶走；他們多數在警員押送下自行登上警方準備的旅遊巴，也有一部分採取不合作態度，被警員抬走。

這場面跟「佔中三子」最初的設想可能有點相似，只是規模比他們想像的小得多：最後被警方押走或抬走的，一共只有 200 餘人。

清場行動晚上 9 時許完成，夏愨道往中環方向和干諾道中往紅棉路一段首先開通；10 時 45 分，夏愨道全面恢復通車。

金鐘清場並不包括立法會示威區和立法會廣場。警方先前宣布清場計劃時，已表明不會進入立法會管轄的範圍，除非場內出現違法行為，立法會報警求助。我們曾經擔心金鐘清場過程中會有佔領人士衝進立法會大樓「避難」，作了必要的防範。衝擊沒有發生，但不少原來在外邊馬路留守的人，清場後轉移到立法會示威區裏。

不需禁令

　　金鐘清場後，「佔領區」只剩下銅鑼灣怡和街路面，以及立法會的公眾示威區和立法會廣場。這兩個地點，都未有人向法庭申請禁制令。

　　先前有建制派議員建議立法會行政管理委員會申請禁制令，禁止示威者佔據公眾示威區和廣場。但行管會討論這建議時，泛民議員都表示反對；他們認為立法會是代表民意的機構，不應阻止市民前來表達意見。

　　我對申請禁制令也有保留，認為對我們清場沒有幫助：行管會本身已有法定權力管理立法會範圍內的場地，沒有禁制令也可以禁止任何人在場地上逗留。我們能否清場，問題不在於有沒有禁制令，只在於我們有沒有清場的能力。

　　事實上，行管會早已作出決定，不容許公眾示威區長期被佔據；秘書處已按照行管會的指示，派職員到示威區的帳篷外張貼告示，警告佔領人士他們未獲授權在該處逗留，要求他們盡快離開，但佔領人士置諸不理。行管會估計，強行清場可能引起的衝突，單憑秘書處保安組將難以應付；另一方面，叫警方進入立法會範圍協助驅趕示威者，又會牽涉複雜的法律和政治問題。

　　立法會大樓外的一段添美道也搭滿了佔領者的帳篷，對議員進

出大樓造成障礙；我們無疑可以根據和中信大廈業主相同的理由，對該路段申請禁制令。添美道是公眾地方，不屬立法會管轄；在該處清場，自可要求警方協助。可是，如果只處理添美道而不處理立法會示威區和廣場，問題並未解決，而且會令示威者以為立法會管轄的場地不會清場，這顯然不是明智之舉。

行管會還未就申請禁制令的問題作出決定，警方已在金鐘清場了。清場的範圍包括添美道，這就令申請禁制令更加沒有意義。

對於公眾示威區和廣場要清場，建制派固然贊成，泛民也不反對。但泛民議員都不同意尋求警方協助，認為立法會叫警方驅趕示威群眾是「政治不正確」；他們承諾派代表到示威區，對佔領人士進行游説，爭取他們自行離去。

行管會指示秘書處，再次催促佔領人士盡快收拾個人物品離開，並且預告示威區和廣場將在短期內清場。

金鐘清場兩天後，警方宣布將於接着的星期一（12月15日）上午到銅鑼灣清場。銅鑼灣佔領區約有40個帳篷，有數十人留守。警方15日上午9時半到達現場，宣布清場程序：佔領人士可在半小時內自行離開；逾時離開者要向警方登記個人資料。如果拒絕離開，警方會作出驅散或拘捕行動。10時半，警方開始移除馬路上的帳篷和其他障礙物。行動沒有遇到任何抗拒；不消半小時，全部障礙物已被移除，用夾斗車運走。12時半，警方開始拘捕行動，共17人被捕。至下午1時，清場行動全部完成，受影響逾兩個月的電車服務和巴士路線全部回復正常。

銅鑼灣清場行動進行期間，我主持行管會的特別會議，討論立法會管轄場地的清場問題。會議結束後，我向傳媒宣布行管會的決定：公眾示威區和立法會廣場的清場行動，於當天下午2時開始。

無警清場

我向公眾解釋行管會關於立法會場地清場的決定：過去幾天有議員與佔領人士談過，佔領人士提出，他們願意讓出緊急車輛通道，換取讓他們繼續留在公眾示威區。行管會對此不能同意。公眾示威區被一些人長期佔據，便會剝奪了其他人前來表達意見的權利；況且佔領人士繼續在場內紮營，對衛生和安全造成威脅。我們不斷勸喻佔領人士自動離場。

我強調：行管會要求佔領人士全部離開公眾示威區和立法會廣場，不是只讓出一條行車通道。我們留了充分時間讓他們收拾物品，希望他們都自動撤出場地。如果有人不願意自動撤離，秘書處人員將採取行動，協助他們離開。如果遇到激烈反抗，秘書處人員無法執行任務，甚至安全受到威脅，我們唯有報警求助，屆時警方或會有拘捕行動。

我宣布行管會的決定後，佔領人士即開始收拾他們的物品，包括帳篷、地席、膠椅等，分類放好。下午2時，秘書處職員去到示威區，以中、英文宣讀聲明，對場內人士提出清場警告。此時，佔領人士開始加快收拾，將物資搬離示威區。清場行動在3時正式開始時，立法會範圍內只餘下不到10名示威者。秘書處人員用了約50分鐘，毋須警方介入，把所有示威者帶離場地。其中只有兩人不合作，搞了點小動作，拖延了一些時間。清潔工人隨後進場，清理佔領者留下的大量雜物，包括水樽、軟墊、膠袋、紙皮箱等，以及清除貼在牆上的標語。

佔領人士將大約30個帳篷和一批物資由立法會示威區搬到約50米外的添美道，放在行人路兩旁。警方對這重新開闢的小佔領區暫不採取行動。這給佔領人士留了一條出路，減輕了他們對立法會清場的抗拒，令清場行動可以順利完成。

立法會依慣例在聖誕及新年期間休會兩個星期。行管會決定，在清場後，公眾示威區和立法會廣場即行關閉，以便清理和維修，至翌年1月立法會復會時重開。場地重開時，行管會決定採取幾項臨時措施，防止場地被重新佔領：第一，開放時間為每天早上7時至晚上11時；第二，規定進入場地的人數，示威區最多350人，廣場最多500人；第三，帳篷、睡袋和生火工具等物品不得帶進示威區。添美道不斷增加的帳篷引起議員們關注。行管會決定去信政務司司長林鄭月娥，指出添美道的帳篷對出入立法會大樓的議員及公眾人士造成安全問題，包括阻礙駕駛者視線；要求政府採取措施處理。但警方認為帳篷沒有堵塞車輛和行人，除了間中派警員巡邏外，不擬採取任何行動。

立法會復會後，張超雄議員帶了一位老人家來辦公室找我；他是在佔領運動中出了名的「大黃伯」。他要求立法會不要叫政府清除添美道的帳篷，因為他每天都要到政府總部外示威。他說：「我住在新界，如果不讓我在這裏過夜，我便要每天從新界出來示威，我的交通費誰來負擔？」大黃伯終於不用擔心他的交通費：添美道的帳篷繼續紮了足足半年，到政改方案在立法會表決後才被清除。

適得其反

　　立法會2015年1月復會前一天，特區政府發表了《近期香港社會及政治情況報告》。這就是林鄭月娥等官員先前和學聯代表對話時，承諾向中央政府提交的「民情報告」。這份報告相當詳盡地記錄了「831決定」後香港發生的與政改有關的事件，以及社會各界的意見和訴求，但只報事實，不作評論或分析。對於持續兩個多月的佔領行動，報告逐日列出了事態的發展，但並沒有探討事件的起因，也沒有評估事件對政改的影響。

　　佔領行動打亂了政改「五步曲」的時間表。在行政長官向人大常委會提交政改報告、人大常委會確定行政長官產生辦法需要修改後，就是最關鍵的第三步：特區政府提出政改方案，爭取全體立法會議員三分之二多數通過。在提出方案之前，政府要展開第二輪諮詢。按原來的時間表，第二輪諮詢應在2014年10月開始，為期5個月。佔領行動爆發後，政府出於對政治形勢和社會氣氛的考慮，決定把諮詢推遲至佔領結束後。誰知佔領持續了兩個多月，第二輪諮詢要2015年1月才可以開始，諮詢期便壓縮至只得兩個月。

　　佔領行動不但令政改損失了諮詢的時間，而且更重要的，令矛盾的雙方失去了妥協的空間。如果佔領（或者原來的「佔中」）目的是要爭取通過一個普選方案，後果可說是適得其反：中央政府不可能對違法行動作出讓步，修改「831決定」；另一方面，參加佔領行動的人，包括所有泛民議員，沒有人敢以「831決定」為基礎，與政府進行磋商。

第二輪諮詢在1月7日立法會復會當天開始。政府發表《行政長官普選辦法諮詢文件》，並按照以往的做法，由政務司司長在立法會會議上發表聲明，介紹諮詢文件的內容。泛民議員早已聲明要杯葛諮詢、否決方案。政務司司長林鄭月娥讀了聲明的第一句話，出席會議的泛民議員便全部站起來，舉着黃傘集體離場。

　　在沒有泛民議員的會議廳裏，林鄭把聲明讀完。她呼籲泛民議員不要杯葛諮詢，不要把「僅存的些微政治空間」在未進行第二輪諮詢便完全摧毀。在解釋了諮詢的議題之後，林鄭說：「香港經歷兩個多月的佔領行動後，加上各式各樣的不合作運動及杯葛行動，我身邊不少朋友對能否通過普選行政長官方案感到極度悲觀。然而，專責小組和政府的團隊會抱着堅定的信念，盡一切努力做好今次的諮詢工作，面向廣大市民，虛心聆聽市民的意見，解釋政府的建議，並會積極爭取立法會通過方案。縱然前路艱辛，我們會堅持到最後一刻。」最後她拋出一句：「2017，機不可失。」

　　泛民議員會見傳媒，指諮詢「無謂」、「浪費時間」。民主黨主席劉慧卿批評諮詢是「侮辱港人智慧」；公民黨黨魁梁家傑指諮詢「完全無意義」，叫政府盡快拿出方案讓泛民否決。工黨主席李卓人形容「2017，機不可失」的說法「令人作嘔」。

　　這場政改有幾個疑問，我一直找不到答案。第一個疑問：發生佔領行動之後，中央和特區政府裏面，還有多少人相信政改有機會成功，相信2017年可以實現行政長官普選？

絕不姑息

一星期後的立法會會議，泛民議員再次集體離場；這次是抗議行政長官梁振英發表《施政報告》。

3個月前，梁振英邀約立法會各黨派議員會面，就他第三份《施政報告》的內容諮詢議員意見。各黨派分別收到梁振英的會面邀請後，23名「飯盒會」議員表示，特首辦只須為他們全體安排一次會面，他們將一齊出席，表達一個共同意見：「梁振英下台。」特首辦回覆說，行政長官要與各黨派分別見面，就《施政報告》內容作深度討論。「飯盒會」召集人梁家傑隨即表示，23名泛民議員決定拒絕與梁振英會面；他們對《施政報告》和《財政預算案》的意見，將交給政務司司長林鄭月娥和財政司司長曾俊華。

發表《施政報告》當天，梁振英進入會議廳時，「飯盒會」議員全部背着他站立；梁走到會議廳前，他們即撐起黃傘，拿着「我要真普選」和「梁振英下台」的大型標語，集體走出會議廳。「飯盒會」以外的幾名激進反對派，坐着高叫口號，被我驅逐出場。所有泛民議員離場後，梁振英開始發言，語帶譏諷地說：「感謝全體反對派議員，由現在開始給我一個全程安靜和應有的莊嚴環境。」

歷任行政長官和立法會反對派議員的關係，不可能水乳交融，有時會十分緊張，但從未試過這樣惡劣。梁振英在《施政報告》裏沒有直接提及「佔領」二字，但對佔領行動態度強硬。他說：「過去數月的

事件說明，香港社會絕不認同任何損害他人權利的表達方式，也決不姑息任何違法行為。」「要爭取落實民主普選，必須互相尊重，求同存異，社會和政府不接受也不會姑息任何違法行為。」

談到青年人和大學生，梁振英說：「青年學生嚮往民主，關心政制發展，值得肯定。大學生是社會未來棟樑，值得大家愛護。正因如此，我們對大學生和其他青年人更要『是其是，非其非』，更應該引導他們充分了解國家與香港之間的憲制關係，使政制發展的討論，不致緣木求魚。」

報告最矚目的是這一段：「2014年2月，香港大學學生會的官方刊物《學苑》的封面專題是『香港民族命運自決』。2013年，《學苑》編印一本名為《香港民族論》的書，主張香港『尋找一條自立自決的出路』。對《學苑》和其他學生，包括佔中的學生領袖的錯誤主張，我們不能不警惕。」

在當天下午的《施政報告》記者會上，梁振英不厭其詳地讀出《學苑》「港獨」文章的更多內容。有記者問，《施政報告》批評學生刊物是否小題大做？會否收窄學術自由的討論空間？梁振英回答說，「主張香港獨立的言論不是學術研究」；他強調，主張「港獨」不是「小題」，所以他要在《施政報告》提出，叫人們警惕。

當時多數人認為，「港獨」主張其實在社會上沒有多少支持，根本不成氣候；《學苑》的有關文章和書籍，本來很少人留意；梁振英高調批評，反而為這些言論做了宣傳，令《學苑》一時洛陽紙貴。另有評論指出，梁振英的「戰鬥格」，只會加深「嚮往民主」的年輕人對他的敵視。在一個閉門論壇上，梁振英說，「（教導）年輕人不能只靠『呦』（哄）」，好像他才知道年輕人應該怎麼教。然而，人們並沒看到他的成功示範。

歧路亡羊

　　佔領結束後幾個星期，一位母親帶着讀高中的女兒來立法會找我。母親對我說，女兒在佔領期間每天下午都到金鐘佔領區，在那裏逗留大半天。母親沒有反對，因為女兒沒有做出令她擔心的行為。佔領結束後，女兒好像變了另一個人：以前她在學校是個品學良好的學生，現在卻不肯回學校上課，連考試也不參加。母親拿女兒沒辦法，十分擔心；她大概知道我在學校工作過，於是來找我，希望可以協助開解女兒。

　　母親把女兒留在我的辦公室，讓我單獨和她談話。我問女孩為什麼不返回學校上課，她回答說，她覺得上學沒有意義。接着，她給我講了她在佔領區裏的經歷和感受：她在那裏認識了很多新朋友，大家談論的話題是以前學校裏從沒有人談論的；她看到那裏的人，都在追求一個共同的理想，這是她在學校裏從未見過的。那裏有大學生給她們中學生輔導功課，有人表演文娛節目。女孩憶述佔領的日子，愈說愈興奮。她顯然覺得在那段日子過的新生活很有意義、很開心。70多天後，這新生活戛然而止，像發了一場夢，夢醒時看到一切和以前一樣，沒有改變。「回到學校，要像以前那樣，整天聽同學們嘮叨無聊的東西，我受不了。」「我們這麼多人，堅持了這麼久，什麼都沒爭取到，我怎能接受這樣的結果？」「現在做什麼都沒有用了。讀書有什麼用？考試有什麼用？」

　　我不知道女孩的母親想我對她說些什麼。以一個前任校長的身

份,或者一個建制派議員的身份,我應該說:「同學,你錯了。佔領是犯法的;不管你有多麼崇高的理想,也不應該用犯法的手段去追求你的目的。」然後,我應該給她講解「民主」的真正意義,向她說明普選沒有「國際標準」,告訴她為什麼普選行政長官的方案一定要符合《基本法》和全國人大常委會的「831決定」。最後,我應該對她說:「你嚮往民主,值得肯定;但參加違法佔領行動就錯了。現在你不上課、不考試,自暴自棄,更錯。你知道你令媽媽多麼擔心嗎?如果我是你的家長,我更會痛心。同學,是時候迷途知返了。以你過去的成績,返回學校認真讀書,大好前程仍等待着你。不要讓違法佔領毀了你的一生。」

我沒有說這番道理,沒有「是其是,非其非」,只是對女孩說:「你要實現你的理想,用什麼方法最好呢?繼續呆在家裏?還是回學校,讀好書,學好本領?」我不知道我的話有什麼作用。她們母女倆沒有再來找我;我沒有打聽女孩的消息——要打聽也無從,我沒問她叫什麼名字、在哪裏讀書。

數年後,香港發生了比佔領行動暴力得多的社會事件,參加和被捕的很多是年輕人,包括大學生。算起來,如果女孩當年返回學校讀書,她很可能是大學生了。她仍會用違法的手段追求理想嗎?被捕的大學生裏有她嗎?如果她參加了非法行動被捕,我是否對不起她的母親?

佔領之後,從中央到特區,從官方到民間,人人都說要重視「青少年工作」,要聆聽青少年的聲音,要回應他們的訴求。幾年過去,走在反政府社會運動最前面的,仍是青少年。

天塌不下

　　第二輪政改諮詢開始後兩天，民主黨立法會議員何俊仁突然宣布，為表達港人對「831決定」的憤怒，決定在立法會否決政改方案後，即時辭職，啟動「變相公投」，以民意促使中央重啟政改，落實2017年「真普選」。何俊仁此舉顯然是為了表明，民主黨否決政改方案不是要「原地踏步」，而是爭取重啟政改，令2017年有「真普選」。這當然是天方夜譚：「變相公投」不可能迫使中央重啟政改；況且時間上也不可能重新走一次政改五步曲，趕及修改2017年的行政長官產生辦法。何俊仁的宣布，等於再次聲明：民主黨對「831方案」一定投反對票。

　　泛民杯葛第二輪諮詢，拒絕對諮詢文件指定的議題提出任何意見。他們也應邀出席林鄭月娥主持的早餐會，但談的不是政改方案怎樣可以獲得通過，而是方案否決後的問題：何時重啟政改、怎樣保證有「真普選」等等。他們有人要求林鄭安排與中央官員會面，讓他們表達對「831」的反對意見，林鄭當然難以答允。

　　另一方面，建制派對第二輪諮詢表現十分積極。工聯會舉行大型諮詢會，邀請政改三人組給會員們解釋諮詢文件，又通過各屬會收集勞工界對政改的意見。民建聯在18區舉行政改座談會，並以問卷及電話訪問收集市民意見，提交報告。立法會政制事務委員會為政改諮詢舉行特別會議，邀請公眾人士表達意見，建制陣營的團體都踴躍派代表出席，發言支持政改，抨擊泛民阻撓政制向前走。

有傳媒引述「建制中人」說，建制派積極參與政改諮詢，不過是「走過場，做個樣子」。這位匿名高人解釋：中央對政改寸步不讓，泛民又誓要綑綁否決方案，社會上支持正反雙方的民意已基本固定，再搞諮詢其實沒有太大意義。他又指出，政改通過無望，特區政府無能為力，中央官員滿不在乎；政改否決了，建制派反而可以鬆一口氣，因為一旦2017年落實了行政長官普選，2020年立法會便可能要全部由普選產生，到時建制派未必守得住立法會的多數。諷刺的是，通過政改明明對泛民有利，建制派偏要大力支持，泛民卻執意反對！

高人可能道出了真相。中央官員一直強調，2017年實現行政長官普選是中央堅定不移的立場。但中聯辦主任張曉明在與港區人大政協新春茶敘時，反駁「政改通不過，香港將無法管治」的說法（我可能是最早說這話的人！），認為否決了政改，「天不會塌下來」。

3月初兩會在北京召開期間，全國人大委員長、港澳協調小組組長張德江與港澳政協委員會面時說，爭取通過政改是香港2015年的一項「硬任務」。資深人大代表鄭耀棠回港後向傳媒解釋，「硬任務」的說法代表中央對香港的莊嚴承諾；但他指出，國務院總理李克強在人大會議閉幕後的記者會上，完全不提香港政改，也沒有回應記者關於政改的提問，「這反映中央政府對通過政改已經打定輸數」。

一位負責政改的特區官員對我說：「我連老闆想不想政改通過都不知道。」

第二個我猜不透的政改疑問：最想看到政改通過的是誰？最不想的又是誰？

第十三章　功敗垂成

打定輸數

中央政府是否一早對政改「打定輸數」，我無法判斷；但特區政府「打定輸數」，幾乎可以肯定。政府向泛民陣營「撬票」的積極性，明顯不及過去兩次政改。特別是 2010 年那一次：當時的行政長官曾蔭權和政務司司長唐英年與民主黨進行了多番交涉，最後政改方案取得以民主黨為主的 10 名泛民議員支持，順利通過。

事隔 5 年，政府與民主黨或其他泛民黨派「有商有量」的關係已蕩然無存。這不能只怪特區政府：泛民一開始便高調反對中央堅持的「831 決定」，其後更參與佔領行動，以為可以迫使中央讓步；他們杯葛政改諮詢，堅持對抗，不肯對話。政府還有什麼可以拿出來跟泛民商量，令他們回心轉意？

泛民議員與行政長官梁振英的敵對關係，也增加了政府爭取泛民支持政改的難度。2015 年 2 月 27 日，農曆正月初九，立法會舉行一年一度的新春午宴，邀請行政長官和政府高層出席，與全體議員聯歡。泛民議員全部缺席，這是歷史上首次。同日晚上，民主黨舉行黨慶籌款晚宴，沒有一名司局長出席，也是史無前例。

民主黨事先張揚，黨慶活動邀請司局長和高級官員共數十人出席，唯獨不邀請梁振英以及兩名局長陳茂波和吳克儉（3 人都是民主黨要求「下台」的）。這叫獲邀的官員十分為難：民主黨是反對派大黨，上次黨慶，到賀官員有 60 人，包括大部分司局長；如果官員這次

都不出席，怎樣維持政府與民主黨的工作關係？但另一方面，民主黨明擺着抵制梁振英，如果官員依然應邀到場慶賀一番，豈不等如落自己老闆的面子？

政府裏傳出來的消息說，梁振英連續兩天與司局長討論民主黨黨慶的事，最後決定所有人一律不去，並勸喻獲邀的高級公務員也不要出席。本已回覆出席的高永文和張炳良兩位局長，也要找個藉口爽約。有官員向傳媒解釋說，出席黨慶這類「畀面派對」，與政改工作是兩回事；「即使官員去了黨慶，替民主黨唱歌籌款，亦不代表民主黨的6票便會支持政改。」

我退任政協後，每年「兩會」期間依然到北京參加民建聯舉辦的港區人大政協晚宴。2015年的晚宴，政改自然是嘉賓們議論的話題。談到怎樣爭取泛民的支持時，有人說：「沒有普選，梁振英連任的機會大得多。應該告訴泛民，他們否決政改，等如幫梁振英連任，這是他們最不想見到的！」說罷哈哈大笑。

這理論在建制陣營中已流傳了一段時間，多數人只把它當作笑話一則。但4天後，傳媒煞有介事地報道，「重量級親中人士」在北京與傳媒茶敘時透露，如果政改方案通不過，2017年梁振英很有機會連任；梁連任後，極可能重推第23條立法。這消息馬上引起一番炒作。

我對傳媒說，不相信這消息有任何權威性：「親中人士」用梁振英連任和第23條立法去恐嚇泛民，叫他們支持政改，政治極不正確。況且，張德江說政改是「硬任務」；如果這是中央政府的態度，政改成功通過，梁振英便應記一功；政改失敗，他合該問責。通不過政改反而提高他連任的機會？於理不合。

方案出台

第二輪諮詢 2015 年 3 月初結束。個半月後，政府發表諮詢報告，同時正式向立法會提交政改方案。方案當然是按「831 決定」的框架設計：提名委員會的人數、構成和產生辦法跟已存在的選舉委員相同；提名委員會提名 2 至 3 名行政長官候選人，每名候選人須獲得全體委員過半數支持。

方案在「831 決定」以外增加的最重要的細節，是提名程序分為「委員推薦」和「委員會提名」(即是我先前提出的「入閘」和「出閘」)：獲得提名委員會十分一委員推薦即可成為行政長官參選人 (「入閘」)；提名委員會採用無記名投票方式，從參選人中提名 2 至 3 名行政長官候選人，獲得過半數支持且票數最高的 2 至 3 名參選人成為候選人 (「出閘」)，由全港選民「一人一票」從中選出行政長官人選。

正如我先前指出，跟 1200 人組成的選舉委員會選出行政長官人選比較，這個由提名委員會提名、全港選民投票選舉的方案，在民主化的進程中肯定是邁出了一大步。真正希望看到香港實現普選的人，以理性、務實的態度去考量，應該支持先落實了這個方案，讓實踐證明增加了民主成份產生的行政長官更能符合中央和港人的要求，然後再爭取方案進一步優化。如果堅持要一個現階段不可能獲得中央同意的普選方案，只會令政改無法向前行；然而這正是泛民自我綑綁下不能擺脫的立場。

在政府向立法會提出政改方案的會議上，泛民議員又來一次離場抗議。這次他們先聽完林鄭月娥宣讀提出方案的聲明；在接着的提問時間，「飯盒會」召集人梁家傑搶先發言說，政府漠視民意，推出假普選方案，泛民主派予以最強烈譴責，並一定會否決政改。「既然政府一意孤行，我們離場抗議，由今天起展開『反袋住先』宣傳運動，呼籲香港人毋忘初衷，繼續爭取真普選。」多名泛民議員隨即在席上高叫口號，然後集體離場。

特區政府知道，政改方案已沒有多少可修改的空間，足以「呃」得泛民回心轉意。要取得泛民議員的支持票，唯有靠「壓」：營造支持政改的強大民意，希望迫使一些害怕流失選票的泛民議員「轉軚」。泛民當然不會任由政府和建制派主導民意；接着的兩個月，正反雙方展開了激烈的民意戰。

政府率先啟動大型宣傳活動。林鄭月娥率領多名高官乘坐花車巡游，宣傳政改，多個建制團體在各區組織集會響應。由周融任召集人的「保普選反暴力大聯盟」以「保普選、反拉布」為主題，在全港18區擺設街站收集市民簽名。至5月中，大聯盟宣布收集了121萬個簽名支持政改方案通過。

另一方面，泛民發起「向假普選說不」行動，以車隊遊行、「踩單車落區」、開設街站等方式向市民宣傳反對「袋住先」。他們在中環拉起用10種語言寫上「向假普選說不」的橫額，向非華語居民派發英文單張。

多個建制團體發表的民調結果都顯示，支持立法會通過政改方案的民意比率持續超過六成。但由中大、港大及理大合辦的「滾動民調」6月上旬宣布，支持和反對政改方案的比率「打成平手」。

拉票異軍

政改方案公布後一個星期，我應紡織業大亨吳中豪的邀請，到他家裏出席晚飯聚會。與會者連主人在內共12人：除我之外還有8個立法會議員，建制3人、泛民5人；另外兩人也是紡織製衣界的知名人士，陳鎮仁和陳永棋。飯局的目的十分明確：3名商人要游說泛民議員支持政改。

這3位商界領袖中，政治上最活躍的是時任全國政協常委的陳永棋；游說任務主要落在他的身上。那天他腿患未癒，走路有點困難，要拄着拐杖赴會。我認識了陳永棋二十多年，他為人樂天風趣，很愛説笑，甚少看到他像當天晚上那樣憂心忡忡。他對泛民議員説的一番語重心長的話，令我對他肅然起敬。

在席的泛民議員都感受到陳永棋坦誠的態度，也聽懂了他説的道理。一位泛民議員説：「我明白，日後要落實一個普選行政長官的方案，也只能按『831決定』；但這一次我們真的不可能支持。」泛民議員不認同「民意大多數支持通過政改」，認為他們的選民不會容許他們對方案投贊成票。

在大鑼大鼓的民意戰背後，我不知道有多少這類游說活動在低調地進行。但我相信，在建制陣營中有不少像陳永棋那樣真心希望政改通過，又能夠和泛民溝通的人。他們可以做到政府官員做不到的事：對泛民議員説出他們應該支持政改的最有説服力的理由。他們説的有

些話，官員不能說。

協助游說泛民支持政改的，還有一支北京起初可能意想不到的異軍：外國政府。早在 2015 年 1 月中，訪港的英國外交及聯邦事務部國務大臣施維爾（Hugo Swire）已呼籲泛民議員通過政改，當時建制和泛民陣營都感到詫異。5 月上旬，美國 3 名主力亞太事務的資深國會議員來港，與多名立法會議員會面，同樣表示了支持政改的態度。其中眾議院議員邵建隆（Matt Salmon）對泛民政黨領袖說，香港政制能夠行前一步是好事，「Sometimes half a loaf is better than no loaf（有時半條麵包要比沒麵包好）」。

這不是英美個別官員和議員的意見。多個西方國家的駐港總領事都公開表示希望政改通過，有些更出面游說泛民議員。其中最積極的是加拿大總領事，每次見到我都說他在為政改向泛民拉票，並且一度向我報喜：他已拉到 5 張泛民票！

6 月初，距離立法會表決政改方案僅餘兩星期，歐盟駐港辦事處主任彭家傑（Vincent Piket）聯同 10 名歐盟成員國駐港總領事約見民主黨、公民黨和工黨的代表，呼籲他們接受政改方案。

泛民議員每次和外國人會面之後，都重申他們反對政改的立場。但外國政府的支持令一些人對政改獲得通過增加了希望；外國政府的表態，或可成為泛民轉軌支持政改的下台階。

佔領行動加深了中國政府對外國勢力介入香港事務的戒心。外國官員「插手」香港政改，即使聲稱支持「831 決定」下的方案，也難免引起北京的猜疑。外交部駐港特派員公署一位官員問我：「外國政府說希望政改方案通過，你覺得是真是假？」我說，我相信是真的。

事後我想到：外國政府積極為政改拉票，可能是幫倒忙。

三晤京官

　　2015年5月底，中央政府就爭取泛民議員支持政改作出最後努力，再次派出中央的「政改三人組」王光亞、李飛和張曉明到深圳與全體立法會議員會面，主要是與泛民議員會面。

　　如果泛民議員對中央官員在會面中會作出讓步有任何幻想，這些幻想應被張榮順提早到深圳發表的言論打破了。5月19日，張榮順在深圳向300多名獲邀出席座談會的「香港社會各界人士」發表講話，傳媒廣泛報道了由與會者轉述的講話要點。這些要點包括：反對派的思路已進入死胡同，他們唯一的下台階是支持政改方案通過；方案不能修改，任何修改建議都沒有討論空間；現階段不能說，如果2017年落實普選，方案到2022年可以優化；即使反對派要否決政改，中央也不會改變「831決定」，日後重啟政改，依然要按照該決定。

　　數天後我收到通知，特區政府將邀請全體立法會議員於5月31日（星期日）到深圳與王光亞等3名中央官員會面，「就香港政改問題交流意見」。張榮順的講話經已預示：中央官員跟議員會面，目的不是「交流」，聽取議員的意見，回應他們的訴求；而是再次表明中央政府的立場和態度，讓所有人特別是泛民知道，如果要落實2017年普選，除了接受「831決定」之外沒有其他選擇。

　　建制派議員除了家裏有喜慶活動的張宇人外，全數報名出席深圳會面；泛民議員報名出席的共15人，是上一年訪問上海的「原班人馬」

加多一個民主黨的胡志偉。「長毛」梁國雄同樣報了名，同樣不能入境。這次他不是入境時被拒；他連單次通行證也拿不到。先有張榮順發表「落閘」講話，繼而長毛被拒入境，加上會面當天下午是「六四遊行」，泛民議員本來大有理由杯葛會面；但他們仍應約赴會，這反映他們依然希望把握這最後機會向中央政府表達意見。

這次會面的安排和上海那次相同：中央官員開始兩小時與全體立法會議員座談，其後兩小時單獨與泛民議員對話。這一次，兩節時間都由林鄭主持，梁振英和我全程在席。

一如所料，3位京官的發言，態度比過去更加強硬。王光亞說，「『一國兩制』既講包容，也講底線」，中央尊重不同政團有不同意見，但如果為反對而反對，「甚至不惜充當『一國兩制』的破壞者、搗亂者，其結果必然是把自己逼進『死胡同』」，走向民意的對立面。李飛說，如何對待政改，「是支持還是反對『一國兩制』的試金石」，「是轉向合作共贏正道還是繼續走對抗俱損歪道的分水嶺」。他問：反對「831決定」的人，到底是把「一國」放在什麼位置上？張曉明說，立法會通過普選法案的主流民意已經形成；當選民感到他們「一人一票」選特首的權利被（泛民議員）剝奪，必然會用手中選票來表達不滿和憤慨，「票債票償」並非危言聳聽。

會面後，梁家傑代表出席的泛民議員向傳媒表示：「雙方立場清楚，不能互相說服。中央一意孤行要有篩選，泛民再沒有懸念，在別無選擇下將堅定否決政改方案。」

話雖如此，但梁家傑和其他泛民議員仍然相信，中央在最後關頭會改變主意。

因何錯判

　　一名泛民議員對我説:「李柱銘説,你們企硬,中央最後一定讓步。這倒好辦:要我們轉軚才艱難,要企硬還不容易?」這位泛民議員信足了李柱銘,每星期都向我打聽有沒有中央讓步的消息。直至立法會對政改方案表決前幾天,他還是這樣問;聽到我説「沒有」,他表示難以置信,連番説:「不會吧?」

　　李柱銘很早便散播「泛民只要企硬,中央一定讓步」的言論。他對傳媒分析説,每次政改都有一番爭議,但到最後還是會有轉機;例如2012年政改,中央一直不讓步,最後卻突然接受了民主黨的「超級區議會方案」。他又説,他相信習近平有改革的誠意;「831決定」落了閘,習近平會把閘打開。

　　泛民陣營中還流傳着一套由「熟悉中國國情的學者」提出的理論:習近平下了死命令,政改必須通過。他任由張德江和張曉明等「強硬派」推行他們的路線,發動民意戰向泛民施壓,以為可以逼幾個動搖分子支持方案。當泛民沒有人轉軚,強硬派路線失敗,習近平便會借機排擠不屬於他派系的張德江,改用其他辦法爭取泛民支持,到時政改便有轉機。

　　我看不到這理論有什麼根據;然而,不少泛民寧可相信這種理論,對中央發出的明確訊息置若罔聞。在議員最後一次往深圳和中央官員會面前夕,民主黨議員單仲偕還公開表示,他期待「峰迴路

轉」、「好戲在後頭」;「人大常委會可能6月底開會修改『831決定』」。

另一方面，中央政府那邊也有人相信，只要中央堅決表明政改方案不容修改，最終一定有一部分泛民議員投票支持方案。

跟上次政改一樣，我公開承諾，如果通過政改只差我的一票，我一定投票，然後辭職。有「權威人士」對我說:「放心，你不用辭職;中央已有把握從泛民那邊取得足夠的支持票，不需要你的一票。」

另一位「權威人士」更向我透露:王光亞親口告訴他，已取得9名泛民議員的支持票!

這些「權威」消息或許不足信，但在立法會表決政改方案前兩天，我見到張曉明，他竟問我對表決結果怎麼估計。我說，通不過;心裏想，這還用「估計」嗎?誰知他胸有成竹地回應說:「我們沒有這樣悲觀;政改還是有希望通過的。」立法會對方案表決過後，我收到可靠的消息:在表決前一刻，仍有人跟某幾名泛民議員聯絡，嘗試爭取他們支持方案。這似乎證明，中央政府到最後仍相信可以拉到幾張泛民票。

這情況就像兩架汽車迎頭對開，車上的司機都踏着油門全速前進，不肯轉軚給對方讓路。這可能由於雙方都有理由相信，對方會及時轉軚，撞車不會發生。另一個可能，是雙方各有原因認為要堅持不轉軚，撞車亦在所不惜。

泛民以為中央最終會退讓，肯定是錯判了。至於中央以為有幾名泛民議員最終會投票支持方案，結果也沒有發生。這也是錯嗎?是中央官員「收錯風」，令他們對泛民有不切實際的期望?還是中央掌握了一些不為人知的情況，有理由相信可以從泛民那邊拉到幾張支持票?如果是後者，拉票最終為什麼沒有成功?這是那次政改的第三個無法解答的疑問。

暴力威脅

政改方案表決日期漸近，不斷傳出反政改陣營要發動大規模抗爭和暴力行動的消息。

民間人權陣線召集人陳倩瑩在 5 月初公開預告：政改方案表決時，民陣將發動十萬人包圍立法會，除了監督所有泛民議員要投反對票，也對投贊成票的建制派施加壓力，並「有機會引發另一場佔領行動」。學聯秘書長羅冠聰警告，如果政改獲得通過，「不排除砸碎玻璃進入立法會」。

5 月最後一個周末，本土派發起遊行，沿途高叫「2017，一定死得」。隊伍抵達立法會時，主辦團體宣布「遊行結束」，示威者隨即衝擊立法會大樓；有人不停搖撼大樓玻璃門外新建的防護欄，有人拆走閘門的螺絲。秘書處報警求助，警方到場後示威者才散去。

政改方案表決前夕，警方搗破一個本土派激進組織的炸彈製造工場，檢獲一批可用來製造高爆炸性炸藥的化學原料，當場拘捕 2 人，其後再在全港不同地點拘捕多人。有被捕人士曾在網上發表言論，聲稱對政改表決會有所行動。警方表示，不排除激進分子企圖在立法會放置炸彈，製造大量傷亡。

那段期間，先前在佔領行動清場後殘留在添美道行人路的小佔領區，帳篷增加至近 200 個，個別帳篷設有鐵門、密碼鎖及閉路電視，並

有太陽能供電板；有人在帳篷間搭建了一座木屋「碉堡」。帳篷內外存放了大量物資，包括大批頭盔和滅火筒、多部手推車，以及百多個用途不明的玻璃瓶。有傳媒指出，這個帳篷區已成為包圍立法會和發動「第二次佔領」的後勤基地。

民陣在表決前的星期日發起反政改遊行，並宣布在表決日前後的整個星期，每晚在立法會大樓示威區舉行「滾動式集會」，在現場直播政改方案辯論和表決的全過程。民陣副召集人楊政賢警告，倘有泛民議員轉軚支持政改，「集會市民情緒一定失控」。有傳聞說，如果最後出現方案可能通過的局面，示威人士將衝入立法會，癱瘓會議現場，阻止表決進行。

所有這些情況，對立法會處理政改議案時的安全問題發出了明顯的警示。警方把政改表決日列為高危日，為應付可能出現的最壞情況進行部署。

行政管理委員會在政改表決前兩天召開特別會議，討論大樓的保安措施。會後我會見傳媒，宣布行管會為保障會議安全作出的決定：除了加強大樓人流的管制外，並按警方建議，就大樓安全發出黃色警示，同時容許警務人員提早進駐大樓候勤。

有議員質疑讓警方進駐大樓的安排，認為是破壞了立法會的獨立性，「開了壞先例」。我回應指出，行管會的責任是保證立法會會議順利進行，不受干擾；議員在會議上發表意見，進行表決，不受威脅。如果這些不能保證，維護立法會的獨立性和尊嚴便無從談起。有些外國議會有自己的武裝保安隊伍，可以不准警隊進入；但香港立法會沒有這個條件；遇有安全問題，不能自行應付，必須向警方求助。我說，如果行管會對警方的風險評估置諸不理，一旦發生嚴重衝突，危及大樓裏的人員，那才是開了「壞先例」。

建制甩轆

2015年6月17日，立法會會議對政府提出的政改方案進行辯論表決，決定2017年行政長官產生辦法。

技術上，立法會是處理由政制及內地事務局局長動議的議案，修改《基本法》附件一《香港特別行政區行政長官的產生辦法》。按《議事規則》關於議案辯論的規定，議員每人最多發言一次，不得超過15分鐘，所以沒有很多拉布的空間。要拉布的議員可以要求點算在席人數，也可以動議一次中止待續議案，但不能通過多次發言拖延時間。

事實上，泛民議員並沒有拉布的動機。少數派拉布的目的是阻延議案付諸表決；但政改議案需要全體議員三分之二多數通過，泛民有足夠人數把它否決，毋須拖延。至於建制派，對表決結果早已「打定輸數」，也無意拖長辯論時間。

不過，兩個陣營仍是要借辯論痛陳對方的不是，把2017年不能落實行政長官普選的責任推給對方。所以我估計議員發言的人數不會太少；如果雙方都有半數議員發言，辯論便要進行八九個小時。

對於多少人要發言，建制派有一個策略上的考慮。立法會大樓外的「滾動式集會」每天傍晚開始，反政改的示威者陸續到場，愈夜他們人數愈多。如果表決在晚上進行，大樓外引起騷亂的風險最大。所以，建制派希望盡量避免辯論在晚上結束。議案辯論在立法會會議第

一天下午接近一時半開始，不大可能在當天黃昏前完結。如果發言的議員不多，卻有可能在晚上八九點鐘的「高危時段」結束辯論、進行表決，這是建制派最不想見到的。

辯論開始，先由動議議案的政制及內地事務局局長譚志源發言；然後政務司司長林鄭月娥和律政司司長袁國強相繼發言。3 名官員發言時，其他司局長全數列席，以示團結一致支持政改。

接着，議員開始辯論。我按各人示意要求發言的次序，邀請議員發言。開頭 3 小時發言的議員，泛民和建制差不多各佔一半；至下午五點多鐘開始，便再沒有建制議員輪候發言。這是策略：如果泛民也沒有人發言，辯論即告結束，在「安全時段」進行表決，如建制派所願；如果泛民想辯論繼續，他們便要一個接一個發言；到進入「高危時段」，眾多未發言的建制議員便可要求發言，令辯論不能在當天晚上完結。泛民議員數次要求點算人數，但建制議員早有默契，會議每次暫停兩三分鐘便有足夠人數復會。我在接近晚上 8 時宣布會議暫停。當天共有 25 名議員發了言，建制 9 人，泛民 16 人。

第二天上午 9 時復會，辯論繼續，這時發言的多是建制派議員，泛民議員未見踴躍。大部分時間沒有議員輪候，好幾次在我一再詢問後才有議員發言。16 名議員發言後，已接近正午 12 時，我連問數次有沒有其他議員要發言，都沒有反應，於是我邀請 3 名官員作總結發言。官員發言後，我宣布議案付諸表決。表決結果：8 票贊成，28 票反對。

方案被否決是意料中事，只得 8 票贊成卻是匪夷所思。出現這結局，是因為建制派「甩轆」：大部分建制派議員在表決時離開了會議廳。

等埋發叔

　　政改表決，建制「甩轆」，人們事後知道，原來是因為「等埋發叔」。建制派議員早有決定，全體參與表決，一票不能少。他們要告訴市民：建制派全力支持2017年普選行政長官；普選不能實現，是因為反對派的阻撓。

　　建制派估計，政改議案辯論將在第二天下午5時左右結束。但由於沒有泛民議員拉布，第二天中午12時，已沒有議員發言，辯論進入最後階段，官員總結，然後表決。

　　這令建制派的經民聯失了預算。經民聯的劉皇發議員（「發叔」）因健康欠佳，不能長時間出席會議。這次政改辯論，他沒打算發言，留在家裏休息。按照辯論在第二天下午表決的估計，經民聯的黨友們建議發叔在午飯後返回立法會，等候投票。誰知辯論在中午已經結束，發叔便要提早起行。負責和發叔聯絡的經民聯副主席林健鋒起初並不着急：他在官員開始總結發言時已通知發叔出門。「政改三人組」3名官員都要發言，如果每人講20分鐘，合起來就有一個鐘頭，發叔應有足夠時間趕回會議廳。

　　可是，林鄭發言只用了約10分鐘；袁國強看來也不會作長篇發言。這時林健鋒開始着急了；他一度走出會議廳，打電話查問發叔的行程。他返回會議廳後，給尚未發言的譚志源發出手機短訊，表示要「等埋發叔」，請譚延長發言時間。但譚看了短訊，只報以聳肩一笑（這

是我在事後聽林健鋒說的）。結果袁國強和譚志源兩人各只說了五六分鐘。辯論結束，我隨即宣布議案付諸表決；有議員要求點名表決，我宣布表決鐘會響 5 分鐘。

隨着表決鐘響起，林健鋒顯得坐立不安。表決鐘響了大約 4 分鐘，他突然向我提出：「主席，我們可否要求暫停會議 15 分鐘？我們想再討論一下。」

立法會對一項重要議案進行表決前，為要對投票意向作最後商討，議員要求暫停會議，獲立法會主席批准，這是有先例可援的。可是，暫停會議的要求必須在主席宣布議案付諸表決之前提出。按《議事規則》規定，表決鐘一經響起，5 分鐘後必須開始表決，其間不能以任何理由暫停會議——除非在開始表決時，會議廳內不足法定人數。

我回答林健鋒：表決鐘已經響起，我不能暫停會議。這時，他轉過頭去跟坐在後一排的葉國謙打了個招呼，兩人突然站起來，離開座位，走向會議廳出口。這時距離表決鐘停止的時間只有十餘秒。

林健鋒和葉國謙的意圖，是要帶領建制派議員在表決開始前全部離場。如果會議廳裏不足法定人數，點名表決便不能進行，我便要暫停會議，響鐘傳召議員在 15 分鐘內返回會議廳投票，這就有可能「等埋發叔」。兩人突如其來的行動令所有人感到錯愕。大部分建制派議員跟隨他們走出會議廳，但有幾個人不知發生什麼事，沒有即時行動；他們猶豫不決之際，表決鐘已停止。會議廳裏有 38 人，足夠法定人數，我宣布開始表決。

離開了會議廳的建制派議員走到前廳，輕鬆談笑，以為可以休息 15 分鐘後返回會議廳投票；忽然看到直播會場的電視屏幕顯示表決結果，人人目瞪口呆。

第十四章　波譎雲詭

誰是罪人

政改方案表決的荒謬結果給建制派議員造成的尷尬難堪，不可言喻。

立法會辯論政改，建制派陣營動員了大批人馬到大樓外聲援。表決當天清晨6時許，已有數百名「撐政改、保普選」的支持者在添馬公園和立法會示威區聚集。多名建制派議員在會議開始前走到示威區，與支持者互相打氣，情緒高漲。由於反政改陣營示威者多數在黃昏後才到場，示威區在日間大部分時間都是建制派聲勢佔優。建制派議員早有計劃，政改方案表決後，他們將集體走到示威區，與支持者一起聲討否決政改的泛民議員，呼籲市民「票債票償」，在區議會和立法會選舉中用選票懲罰反對派。

出乎意料的表決結果令建制派議員不能按「劇本」演出。他們忙着評估「甩轆」後果、商討「補鑊」辦法；只有少數議員硬着頭皮走到示威區，面對洩了氣的支持者，説幾句感謝的話。泛民議員卻紛紛走到反政改示威者當中，對政改遭「大比數否決」發表得意洋洋的演説：有説表決結果反映了真正的民意，有説「天意」也反對政改方案。

對手的譏笑，遠不如「自己人」的唾罵傷的那麼痛。會議結束後，我收到支持團體發來的手機短訊，表示對建制派議員的表現感到震驚、失望和憤怒。有人大代表在短訊群組留言怒斥：「請這班沒承擔的垃圾議員退出立法會的政治舞台，太不可思議了！痛心疾首！」受到最

大壓力的自然是「等埋發叔」的始作俑者林健鋒，以及擔任建制派「班長」的葉國謙。兩人多次向其他建制派議員和他們的支持者道歉，林健鋒一度哽咽落淚。

公開責罵林健鋒和葉國謙的人，包括跟隨他們離開會議廳、沒有投票的議員；當中有人把責任完全推在兩人身上，不留情面大加鞭撻，甚至公開表示要「換班長」。這些攻訐，只會進一步損害建制派整體形象。還是老將譚耀宗的表現最得體：他主動表示自己要為建制派溝通不足承擔責任，贏得傳媒稱許，讚有「大將風範」。

在譚耀宗等議員主導下，建制派在表決當天下午5時半召開記者會，發表聯合聲明，對政改方案被否決表示遺憾，對泛民議員否決方案表示憤怒。聲明説：「對於在表決過程中的失誤，找們深感遺憾，並向一直支持政改方案的廣大市民深表歉意。」但聲明強調，市民失去普選行政長官的機會，責任全在投反對票的28名議員。

立法會外聚集的人群，在政改議案表決後不到一小時已全部散去。我在下午2時會見傳媒，宣布撤銷立法會大樓的黃色警示，停止所有特殊保安措施。當天下午，在添美道紮營的人開始撤離。一星期後，添美道完成清場；政改的所有抗爭行動宣告結束。這或許是政改被否決帶來的唯一的、即時可見的好處：政府曾擔心，倘政改獲得通過，反對派會發起更激烈的抗爭行動。

對於「甩轆」事件，我帶着沉重的心情對傳媒説：任何事情引起的困擾，都不及我對政改方案不獲通過感到的遺憾。我這話説得太快了；數天後，傳媒爆出一宗與政改表決有關的醜聞，我是醜聞的主角。

短訊醜聞

當社會上對「等埋發叔，建制甩轆」的議論開始逐漸冷卻之際，《東方日報》登了一宗爆炸性新聞，揭露建制派議員手機短訊群組在政改表決前後的「絕密對話」，令「甩轆」話題重新熱起來。

報道列出了表決當天從早上到表決後整段期間建制派議員在群組裏的對話內容。從中可見，沒有人提過要「等埋發叔」；要求暫停會議和拉隊離場的行動，也沒有在群組裏討論。建制派在整個上午最關心的問題，是如何應付仍未發言的陳偉業可能進行的拉布：他曾經揚言要提出中止待續議案，引發一場新的辯論。大部分建制派議員仍未發言；中止待續議案愈早提出，建制派便愈容易控制辯論完結的時間。由於中止待續議案必須由議員在原來進行的辯論裏發言時提出，所以建制派要讓陳偉業盡早發言。這反映在群組的對話內容裏。

但是，群組對話內容最矚目的，是當中多段我的留言。

建制派建立的短訊群組，我一直都有參與；群組的對話可讓我了解各建制黨派對立法會事務和公共政策的看法。我很少在群組裏留言，但間中也會利用那平台徵求議員們的意見。立法會處理政改議案，我知道建制派議員希望盡量避免在晚上時間表決；在這一點上，出於對大樓安全的考慮，我和他們的目標是一致的。在會議進行的過程裏，我通過短訊群組和建制派議員保持溝通，爭取辯論在最理想的時間完結。

《東方日報》的報道發表前一天，我正在主持政改表決後的第一次立法會會議的時候，收到陳偉業發來的手機短訊，轉來《壹週刊》發表的一幅手機屏幕照片，上有說明：「上星期四（即表決當天）早上近 10 時，陳偉業返回會議廳，本刊攝得葛珮帆手機，顯示曾鈺成在建制派 WhatsApp 群組說：『賊來了！』」陳偉業在圖片下加上二字評語：「有趣。」

我當時不以為意，用短訊跟陳偉業交換了幾句笑話。當日傍晚，我開完會議出來，有記者追問：我把陳偉業議員叫做「賊」是否恰當，要不要向他道歉。我笑着說，不用道歉吧？「賊來了」是嚇人的話，陳議員又大嘴又惡（塊頭又大人又兇），這樣叫他並沒有侮辱的意思。

我以為這樣可以敷衍過去。誰知第二天，建制派群組在表決日的全部對話內容竟在《東方日報》曝光。當中顯示，我一直和建制派議員一起研究會議廳裏的情況，商討辯論發言的策略。我說「賊來了」是提出警告：陳偉業剛返回會議廳，可能要開始拉布。我多次提醒他們不要急於發言，要「留力」，又建議他們不要使用要求發言的按鈕，寧可要發言時舉手示意（這樣會比較靈活，可以隨機應變）。有人關注可能要進行中止待續議案辯論，須計算時間；我說，照我所知，多數泛民議員無意參與中止辯論（即使陳偉業提出，辯論也不會很長）。「甩轆」發生後，我在群組問：「玩乜？」（搞什麼？）其後我提議，建制派要就失誤「鄭重道歉，否則不能了結」。

報道指出，這些對話內容，揭發了「本應保持中立的立法會主席曾鈺成，儼然建制派的半個指揮官」。這立即成為當天的立法會新聞焦點。

不要捉鬼

　　傳媒怎樣取得建制派短訊群組的對話內容呢？議員在會議廳座位上看手機，被樓上的記者拍攝到屏幕顯示的內容，十分常見；《壹週刊》就是這樣在葛珮帆手機上拍攝到我的留言。可是，幾個鐘頭裏的對話內容，一句不漏地全文照錄，不可能靠記者拍攝得來，一定是群組裏有「鬼」向記者「放料」，很多建制派議員對此非常憤怒。田北俊在臉書留言說：「自由黨強烈譴責一位連豬都不如的放料議員，一點道義也沒有！」不少人都問，誰是洩密的「鬼」？洩密的目的是什麼？

　　我不主張「捉鬼」。誰人是「鬼」，「收料」的傳媒一定不會透露。雖然多數人已「鎖定」了一個嫌疑人，但大家都知道最終是無法證實的；「捉鬼」只會進一步增加建制派內部的矛盾和分裂。群組對話外洩，我大概是唯一的受害人，但我不會埋怨洩密者；我相信洩密的目的並不是針對我。我可說是咎由自取：我參與群組的對話，不但不恰當，而且沒必要，對建制派議員掌握辯論進程幫助不大，更不能阻止「甩轆」事件發生。再說，對話內容曝光，對我不無好處：建制陣營有人認為「甩轆」是我的責任，有人更懷疑我故意搞鬼；群組對話的內容，證明了我在這方面的清白。

　　「群組對話醜聞」被傳媒揭發後，泛民議員群起對我炮轟，指我「既是球證，又做軍師」，違反了主席須保持中立的原則；有人認為我應該道歉、辭職。23名泛民「飯盒會」議員發公開信，向我提出三項要求：詳細交代事件、向市民致歉以及保證日後不會再犯同樣錯誤。建制

派議員對事件大多不予置評，只有譚耀宗替我解釋，説我處事一向公正，只因政改表決事關重大，我太投入，「説多了」。

　　當天下午我會見傳媒，交代事件。我承認，在立法會處理政改議案的兩天會議裏，我一直通過短訊群組和建制派議員交流，因為我相信這可以幫助我主持會議，令會議能夠順利進行、及時結束。我解釋，如果議案在晚上表決，立法會大樓外很可能出現激烈衝突；我在會議上和建制派議員保持溝通，是為了協調他們的發言，盡量避免表決在晚上進行。

　　我説，我要向所有建制派議員道歉，因為我在他們群組裏的留言被揭發，給他們增加了麻煩；我希望建制派議員不要追查誰是洩密者。我也要向泛民主派議員道歉，因為我的行為令他們有理由懷疑我的公正性，雖然我沒有做過任何損害他們利益的事。

　　對於我應否辭職，我強調，在整個會議過程中，我嚴格執行《議事規則》，沒有違反立法會主席中立、公正的原則，沒有對任何議員不公平。我不認為我違反了主席的守則或操守，不認為我需要辭職。但是，我知道有議員要對我提出不信任議案；立法會辯論該議案時，我會十分留心傾聽各議員對我的批評和意見。如果議員最後決定我不應留在立法會主席的職位，我會尊重他們的決定。

　　我給「飯盒會」議員回信，內容基本上就是我在記者會上説的。人民力量的陳志全要對我提出不信任議案；在所有建制派議員反對下，議案不能列入立法會的議程。

沒有陰謀

陰謀論總有它的市場。有些人就是不相信「甩轆」是低級錯誤。

泛民議員有幾個人會轉軚，令政改方案獲得通過，這可能性一直不能絕對排除。這是為什麼反政改陣營要在立法會大樓外組織大規模示威，並警告倘有泛民轉軚，示威者會情緒失控。這也是為什麼政府和建制派十分關注立法會大樓的安全問題，要盡量避免在高危時段進行表決。暴力衝突的風險只會來自反政改示威者對政改獲得通過的反應；如果根本不相信政改會通過，何須擔心發生衝突？

由於有「轉軚疑雲」，在政改辯論中發言的泛民議員，都清楚表明反對政改的立場；特別是那些疑似動搖分子，更要在發言時鄭重澄清，聲明自己一定投反對票。大家都計算着有幾多個泛民議員發言：他們每多一個人發言表態，便少一個人可能轉軚。結果，到辯論結束時，有4名泛民議員沒有發言。

這數字很容易引人遐想：建制派議員連我在內共43人；如果這43人和4名沒發言的泛民議員都投贊成票，便剛好超過全體議員三分之二，政改獲得通過！

於是有人說，這是為什麼劉皇發的一票那麼重要：要通過政改，他的一票便不能少；假如政改肯定通不過，劉皇發能否趕及投票便無關重要，建制派也毋須為「等埋發叔」而着急，最後要拉隊離場，弄至「甩

轆」。

　　至於為什麼最終沒有泛民議員投贊成票，理由很明顯：投贊成票
的泛民議員要承受很大壓力，甚至政治前途盡毀；他們眼見建制派議
員集體離場，知道自己投贊成票也沒有用，當然不會作無謂犧牲了。

　　如果這是真的，引致「甩轆」的議員便要承擔政改失敗的責任，罪
無可恕。可是，有關議員並沒有受到嚴厲的懲罰。於是提出「陰謀論」
的人又說，「甩轆」無罪，因為那是阻止政改通過的刻意安排。

　　我絕對可以肯定，這「陰謀論」不可能是真的。首先，在辯論中沒
發言的泛民議員，是涂謹申、陳家洛、馮檢基和陳偉業，這4人中至
少有兩人絕不可能轉軚，政府也不會對他們有任何期望。此外，43名
建制派議員包括了代表醫學界的梁家騮；他一直表明對政改要投反對
票，因為他的選民反對「袋住先」（投了反對票的28名議員是27名泛
民加梁家騮）。這樣算起來，即使「等埋發叔」，政改議案也沒有足夠贊
成票。

　　最重要的一點：如果要靠泛民4票通過政改，決不能少了我的一
票。我不可能在毫無準備之下，打破主席不投票的慣例和承諾，臨時
參與表決；如果有可能需要我投票，一定要事先讓我知道。然而，我一
直沒有收到任何人的通知，說我要準備投票。單憑這點便足以證明，根
本沒有人以為從泛民那邊已「撬」得4票，連同建制派的43票便可讓
政改通過。

　　「建制甩轆」沒有陰謀；純粹如一般人所見，是為了「等埋發叔」
而犯下的低級錯誤。事件過了一段時間之後，有一天，我帶一批中學
生參觀立法會。去到會議廳，我簡單介紹了立法會會議的作用和程序
後，問同學們：「有誰知道立法會什麼時候開會？」一個學生立即舉手
說：「我知，等埋發叔！」

全是輸家

　　「建制甩轆」和「短訊群組」吸引了人們的注意力，一眾評論家抓住這兩則醜聞，像鬣狗抓住腐屍，使勁地噬嚙、咀嚼。普選方案被否決的嚴重後果和深遠影響，無人有興趣探討和分析。

　　政改失敗，有人歡呼雀躍，有人怒髮衝冠，有人尷尬難堪，有人如釋重負；但除我之外，有誰真的感到失望，並因而為香港的前途擔憂？

　　或許還有他：在表決中投了反對票的湯家驊議員。在9個小時的政改議案辯論裏，大多數議員的發言都是把已説過多次的話再説一遍，言者重複，聽者麻木；唯獨湯家驊的發言並非流于公式，沒有陳腔濫調，揭示了他內心的矛盾，同時也點出了社會的矛盾。

　　他指出：「民主派以『佔中』要挾中央，推行一個中央認為是違反《基本法》的提名程序，結果落得一個『831決定』。……其實，我們如果要通過一個大家可以接受的方案，便不應採取這種方法。」

　　他透露：「在『831決定』公布那一刻，我已表明難以接受該方案。但是，我其後仍以從政者應有的心態作出考慮——如果在憲制或政治角度來看，北京認為『831決定』不可動搖，我們可否在其他方面爭取最大的民主進度呢？我曾經考慮我手上的否決權；最大的力量是利用它來爭取多一點民主進度。我希望民主派能夠利用他們的否決權，爭取多一點民主進度。如果民主派採取什麼都不接受的立場，他們的否

決權便形同虛設，因為對方不能滿足他們的要求，最終只會一拍兩散。」這番話說出了根本的道理；可惜泛民沒有其他人看到。

他訴說：「最令我感到痛心的是，在『831決定』公布後，特區政府和泛民主派都沒有用心考慮怎樣可以為香港人尋找出路，而是將所有精力放在所謂『爭取民意』。我們花很多資源進行民調，每天都有民調的消息。但是，我們不需要這些民調告訴我們：香港社會正面對嚴重撕裂。民調對解決問題有什麼幫助？能否說服你們？能否說服我們？」這是對「民意戰」的中肯批評。

湯家驊解釋了他為什麼對政改投反對票。他說，「有三至四成香港人（對此改方案）表現得極為憤怒，他們的憤怒已到了我們無法理解的程度。」

如果方案勉強獲得通過，立法會外的憤怒人群反應一定十分激烈。」一年「佔中」期間，香港幸運地沒有發生大型流血事件；但是，他問，如果「佔中」再次出現，香港仍會一樣幸運嗎？中央仍不會插手嗎？如果中央要插手維持香港的社會秩序，『一國兩制』會不會被拖垮呢？」所以，強行通過政改「只會帶來災難性的後果」；他只能投反對票。

他的結語：「我希望將來繼續留在議會的同事想清楚，應如何理順（中央與泛民）對『一國兩制』的期望和了解的落差；我相信，找到答案的那一天，香港便可以進行普選。」這一天，看來是愈來愈遙遠了。

湯家驊的發言情理兼備，發人深省。可是泛民議員，特別是他的公民黨黨友，對他的表現卻並不欣賞。政改否決後不到一星期，湯家驊宣布退出公民黨，同時辭去立法會的議席。湯家驊說：政改失敗，所有人都是輸家。我很同意；問題只是，誰輸得最多？

赴京請罪

2015年7月下旬，民建聯訪問北京，與主管港澳事務的國家領導人和中央官員會面。

民建聯在當年4月舉行了領導層換屆選舉，李慧琼接替譚耀宗出任主席，中央委員會和常務委員會也增加了一批年輕生力軍。新一屆領導層就職後，便計劃在立法會暑期休會期間訪京，與中央官員討論政改方案表決後（不論通過抑或否決）香港的形勢和民建聯的發展方向。經中聯辦協助安排，訪京日期定於7月22日至25日。

起程前幾天，民建聯舉行記者會，公布訪京安排。訪京團由民建聯全體立法會議員以及領導層成員共30多人組成，22日晚上飛抵北京；23日拜訪國家發改委和中央統戰部，以及參觀中關村，了解國家創新科技發展。24日上午人大委員長張德江接見訪問團，下午拜訪國務院港澳辦。

記者當然要問：訪京團會否和國家領導人談論政改，會否為表決「甩轆」向中央政府道歉？李慧琼説，民建聯會如實向中央交代整個政改表決的過程，並就表決時沒有投票表示歉意。她又指出，社會認為政改被否決的主要原因，是中央與泛民立法會議員未能建立互信關係；民建聯會建議中央與各黨派建立恒常的溝通機制。

我作為民建聯的立法會議員，也是訪京團的一員。我比大隊遲一

天出發，沒有參加 23 日的活動，只參加 24 日與張德江的會面，以及到港澳辦的訪問。

與張德江的會面約個半小時。張先作開場發言，然後由預先安排好的訪問團的 8 名代表就不同議題發言，最後張再作回應和總結。我是發言者之一，選擇以「特區的管治人才」為題。我說，民建聯通過選舉贏得立法會和區議會的不少議席；可是，民建聯未能為特區政府提供多少管治人才，在這方面仍須力補不足。我發言後，張回應說，培養人才是長遠工作；如有需要，中央會大力支持。

對於建制派議員在政改表決時的「技術失誤」，張德江說，中央對表決結果感到「痛心」，但不會怪責建制派議員，因為反對派議員掌握了少數否決權，即使建制派議員全體投票，政改被否決的結果也不會改變。他更表揚民建聯在事件上「展現了大黨風範，願意承擔責任，維護了建制派的團結」，「中央對此表示肯定」。這算是中央政府正式免除了民建聯和其他建制派議員在「甩轆事件」的責任。

張德江給民建聯贈了兩句話：「擇善固執，有所作為」。他解釋，「擇善固執」是要始終堅持「一國兩制」方針和香港《基本法》，堅持真誠為香港的理念，堅持支持行政長官和特區政府依法施政；「有所作為」是要「愛國愛港」旗幟鮮明，敢於擔當，為香港社會大局服務。

他又說，希望民建聯和建制派做好選舉工作，取得更多議席，讓立法會少一些反對派；他轉過來笑着對我說：「到時你這個立法會主席便可以優哉游哉了！」我想：「優哉游哉」的立法會主席，如果有，也不會是我了。

張德江提了幾次要支持行政長官，我對此當無異議，雖然我在出發赴京前獲悉，梁振英突然撤換兩名局長，包括民政事務局局長曾德成。

樂意退休

　　民建聯訪京前的周末，我收到曾德成發來的訊息：梁振英叫他提早辭任民政事務局局長。訊息來得突然，令我大感錯愕。我問：什麼時候？他答：很快。

　　數天後，7月21日下午3時，新華社發出消息：國務院根據行政長官梁振英的提名和建議，任命劉江華為民政事務局局長、張雲正為公務員事務局局長，免去曾德成民政事務局局長和鄧國威公務員事務局局長的職務。半小時後，梁振英召開記者會，交代有關人事任免。他說：「曾德成和鄧國威多年來盡心盡力服務香港社會和特區政府，表現優秀，我對他們所作的寶貴貢獻表示衷心感謝。」記者一再追問兩人離職的原因，梁振英只回應說，政府的人事變動過程不應公開討論，叫記者看兩人稍後發出的新聞稿。

　　下午4時許，曾德成和鄧國威分別發表書面聲明，解釋離任原因。曾德成的聲明說自己「樂意現在退休」，表示有信心與新任局長無縫交接。鄧國威的聲明則說，他因為「一些預計不到的家庭理由而要退下，需要更多時間陪伴家人」；他有信心繼任人能帶領公務員事務局邁向新高峰。

　　我出席當天下午的公開活動時，記者問我對曾德成離職有什麼評論。當時我還未知道他的聲明內容，更未有機會聽到他對事情的看法和感受。我回答記者說，我對兩名局長離任感到詫異；我沒聽曾德成

説過他在工作上遇到很大壓力，或者做得不愉快，但他曾經說過自己在主要官員中年紀最大；我相信他是樂意卸下職務的。我補充說，我認為轉換主要官員不會影響政府整體政策方針；我對接任的兩名官員很有信心。

第二天上午，我接受香港電台訪問，免不了要更詳細地談論局長換人問題。我說，我十分肯定，曾德成不是主動提出離職，不是像一些人所說的「跳船」。曾德成任局長已有 8 年；我相信，如果行政長官認為人事調動對政府管治有好處，跟曾德成商量，曾德成是會很樂意退下的。我又指出，政府在任期中間重組內閣，在外國很普通；人事變動不等於有官員涉及醜聞或者表現不佳，有政治常識的人都不會胡亂猜測。

簡單地說：沒有人「跳船」，也沒有人被「炒魷」。人們信不信是另一回事；為了盡量減少事件對政府和離職官員的負面影響，雙方都應該堅持「和氣分手」的口徑；如果給人抓到炒作的把柄，不論把事件說成是「跳船」抑或「炒魷」，對政府都沒有好處。

然而政府裏有些人不是這麼想；他們以為，有人「跳船」會打擊政府的民望，有人被「炒魷」卻會提高政府的威信。於是他們自作聰明，發放消息說，兩名局長不是「跳船」，而是被「炒魷」。

「梁粉」網站「港人講地」率先引述「政府權威消息」說，這次人事變動「是換人，不是跳船」；又指決定反映了中央對梁振英的支持。網站更發表評論文章，指「曾德成在違法佔領期間表現低調，若說政府甚至建制內部有不滿，相信亦不難理解。青年人是參與違法佔領的主力，政府青年工作成效有多少、負責青年工作的官員責任有多少，相信大家都心中有數」。

弄巧反拙

　　繼「港人講地」之後，一家報章也大篇幅刊登曾德成和鄧國威的
「罪狀」：曾德成處理青年工作、公民教育及推廣《基本法》不力，間接
助長大批香港青年參與違法佔領行動，以至滋生「港獨」思潮。鄧國威
則沒有做好公務員隊伍的政治工作，令公務員「人心未回歸」，對政府
最高層的指示陽奉陰違，影響有效管治。這些「黑材料」，顯然是政府
內部有人提供的。

　　看了這些報道，我十分惱火，不光是替胞弟被抹黑不值，更重要
的是難以忍受梁營豬隊友的愚蠢行為。首先，豬隊友發放的消息，無
可避免地引起人們對各個主要官員表現的評論和比較。要說誰最差
勁，社會早有公論，怎麼也數不到兩名離職的局長。於是人們紛紛指
出哪些官員比兩名離職局長更差，質問為什麼他們可以好官我自為
之。這當然會令有關官員以至整個政府感到尷尬。

　　其次，兩名局長的表現，在政府內部也有公道的評價。看了豬隊
友舉出的「炒魷」理由，其他官員能不心寒？有報道指官場「人人自
危」，或許有點誇張，但也反映了事件在政府內部引起的負面情緒。

　　還有，兩名局長的人緣都不錯，且各自有不少支持者；對他們抹
黑，必然引起信任和支持他們的人的反感。「黑材料」出籠翌日，《大
公報》即發表評論文章，反駁對曾德成的各項指控。文章指出：「有人
稱過去香港發生『佔中』、『港獨』橫行，便是因為青年工作做不好之

故，而主管者曾德成就需要為此負責云云。持這種思維的人，要麼是思想極度偏激狹隘，要麼是『欲加之罪』的心理。青年工作難道僅僅是一個問責局的工作？而『佔中』僅僅是青年問題、背後沒有其他勢力的操作？以『佔中』責任來攻擊曾德成，根本是頭腦簡單的思維想法。更何況，青年工作背後實際上是教育工作，民政事務局不過是處於問題的下游，不去追問問題的根源，而要拿表徵去問罪，豈不是本末倒置？」

文章總結說：「曾德成絕非『不負責任』，更非『不支持反佔中』，也不是『消極』工作。恰恰相反，他是一位受到同僚稱讚、下屬尊重、社會認同的局長，是一位難得的通情達理、敢於問責、德才兼備的官員。」「對於這麼一位難得的官員，多少令人失望的是，並沒有獲得（行政長官）應有的評價。」

文章在《大公報》發表，自有它的代表性：難怪有評論說，梁振英「炒」曾德成，傷了傳統愛國陣營的感情。

所有這些對梁振英政府不利的後果，其實是完全可以避免的。我在赴京前沒有機會對豬隊友的所為作評論；從北京回來後，我在一個電台節目說，局長換人本來可以做得非常漂亮：行政長官有意撤換的兩個局長，都不是戀棧官位的人；只要善意和他們商量，他們一定樂意配合，不會令人覺得有人跳船或者被炒。但是，我說，有人偏要放風抹黑兩人的工作表現，以為這樣可以堵住「跳船」的猜測，維護行政長官的威望，結果弄巧反拙，我只能搖頭嘆息：有些人真的蠢到不得了。

沒有人相信換了這兩名局長可以提高政府的民望，或者改善政府的施政。換人的真正目的，到底是什麼呢？

第十五章　曲終人散

死因不明

關於兩名局長突然被撤換，有一個很有趣的傳聞：梁振英向中央政府建議的撤換官員名單，本來有4人；他最想清除出管治團隊的，其實不是被免職的局長，而是另有其人。

事實上，梁的宣傳班子把人事變動形容為政府在任期中間進行的「內閣改組」；如果只換走兩名局長，而兩人的公眾評分又從來不是排在榜末，「改組」便很難説得通。傳聞説，名單上的另外兩名官員，是財政司司長曾俊華和商務及經濟發展局局長蘇錦樑。有人猜測：名單上或許只有一名官員是真正要被換掉的；為要把人事變動包裝成「中期內閣改組」，才加上其他幾個人。

阿嘉莎・克莉絲蒂（Agatha Christie）的偵探小説《ABC謀殺案》，被認為是作者筆下最精采的謀殺布局。故事裏的兇手為要奪取家產而謀殺親兄；他知道，兄長被殺，他是最大受益者，必然成為謀殺案的頭號嫌疑人，被重點調查。為了掩人耳目，他在殺害兄長前後殺了幾個完全和他沒有關係的人，並故意留下線索，讓偵查人員發現幾宗兇案是同一人所為，於是以為行兇者是心理變態的連環殺手，看不到當中有一宗兇案其實是謀財害命。這橋段其他偵探小説作家也用過：謀殺一個人，同時殺害一批無辜者，以轉移視線，掩飾真正的殺人動機。

假如當年的「內閣改組」其實是這樣的一個局，那麼布局者真正要「殺」的目標人物，到底是誰呢？

人事任免消息公布前3個星期，曾俊華到北京出席中國倡議成立的亞洲基礎設施投資銀行部長級會議。國家主席習近平進入會議廳時，特意繞到中國代表團前面，與坐在前排第一個座位的曾俊華握手。這舉動十分矚目，立即被很多人解讀為習主席對曾俊華的「政治祝福」，令曾俊華成為下一任行政長官的熱門人選。

　　梁振英想連任，無人不知，而曾俊華是梁連任的潛在威脅。特區的3個司長，財政司司長曾俊華排第二位；排在他前面的林鄭月娥，傳聞曾兩度請辭，一般都以為她無意更上一層樓。曾俊華公眾形象正面，與各方關係良好，特別得到商界支持。在社會分化對立的環境下，不少人認為具有親和力的曾俊華是行政長官的合適人選。「內閣改組」會否旨在為連任掃除障礙呢？

　　從時間上推算，習近平與曾俊華握手，應該是在梁振英向中央提交任免名單之後。「習握手」未必表示支持曾俊華出任特首，但會否表示不同意把他「炒魷」呢？無論如何，中央並非如「港人講地」宣傳那樣，毫無保留地支持梁振英提出的「內閣改組」計劃。不過，中央也接納了他的部分建議，同意撤換名單中的兩名局長。為什麼呢？

　　鄧國威我不知道；至於曾德成，以下是中央官員和我的對話：

　　「我們同意免去德成的職務，不是因為對他的工作表現有意見，只因為梁特首說，德成只打算做半屆。」

　　「我聽德成說，他從沒說過只做半屆。」

　　「那我們疏忽了。我們應該先向他求證。」

　　鄧國威突然宣布辭職，說要照顧家庭，沒有人相信。一年半後，梁振英突然宣布放棄連任，同樣說要照顧家庭，同樣沒有人相信。

修例觸礁

政改失敗後，梁振英和林鄭月娥都說，特區政府將集中精力發展經濟、改善民生，希望社會各方特別是立法會裏各黨派放下爭拗，排除成見，在經濟和民生議題上凝聚共識。可是，樹欲靜而風不止：泛民在佔領行動中發起的「不合作運動」，並沒有隨着政改被否決而結束；梁振英和泛民之間針鋒相對、劍拔弩張的關係，毫無緩和跡象；加上年底就是區議會換屆選舉，兩大陣營已展開互相攻擊的競選宣傳，完全無意放下爭拗、凝聚共識。

第五屆立法會最後一個年度會期開始時，按政府提出的立法建議，共有35條法案等待處理，涉及多項深受社會關注且極具爭議的公共政策，例如版權、私營骨灰龕、循環再造、強積金、物業管理以及醫生註冊等。以泛民議員的不合作態度，要在立法會任期結束前完成所有法案的立法程序，肯定沒有可能。政府要根據各條法案的重要性、迫切性和受爭議的程度，決定處理法案的次序。

首先觸礁的是旨在完善香港版權制度的《2014年版權（條訂）條例草案》。自上世紀末，許多海外司法管轄區都更新了版權法律，加入在數碼環境中保護知識產權的規定。香港在這方面落後於國際要求，對網上侵權行為缺乏規管，因而受到來自與香港有貿易關係的國家尤其是美國的壓力。2013年7月接替楊甦棣出任美國駐港澳總領事的夏千福（Clifford Hart），第一次和我見面時便表示美國政府十分關注香港版權條例的落後與不足。

特區政府在 2011 年曾經向立法會提交法案，建議在版權條例加入對網上侵權行為的規管。網民認為這樣的規管會扼殺「二次創作」，把法案叫做「網絡 23 條」，發起激烈的反對行動，結果政府擱置有關立法。

　　至 2014 年 6 月，政府提交《2014 年版權（修訂）條例草案》，對刑事責任設定了較高的門檻，給二次創作增加了多項豁免。但網民依然強烈反對，發動宣傳攻勢，脅迫泛民議員拉布阻止條例草案通過。另一方面，美國領事館和美國商會，以及本地影視、娛樂和音樂企業，又不斷催促各黨派議員盡快通過條例草案，加強保障版權持有人的利益。泛民議員兩面受壓，態度反覆。

　　堅決反對條例草案的黃毓民，聲明要拉布，提出了 903 項修正案，其中 80 項是實質性修改，我批准了當中的 42 項；其餘 800 多項純屬文字上的修飾（條例草案只有 96 項條文），我認為瑣屑無聊，全部不予批准。

　　但這並不能阻止泛民拉布。法案委員會用了 16 個月 24 次會議完成審議後，條例草案於 2015 年 12 月恢復二讀；在接着 3 個月裏，處理條例草案佔用了 8 次立法會會議，共 95 小時，當中點算法定人數消耗了 38 小時，5 次流會。眼見當屆立法會的任期餘下不到 4 個月，多項迫切的關乎民生的法案仍待處理，且 2016 年《財政預算案》也要開始審議，政府被迫再次放棄對版權條例的修訂。在 2016 年 4 月中的立法會會議上，各黨派議員一致通過審議條例草案的全體委員會「休會待續」；條例草案隨着該屆立法會任期結束而壽終正寢。

老將墮馬

2015年11月進行的第五屆區議會選舉，是佔領行動發生後的第一次全港性選舉。

佔領行動導致的社會撕裂，令許多家庭裏的兩代人在選舉裏採取截然相反的立場。建制派候選人提出「反佔中」、「反拉布」的競選口號，獲得多數老一輩市民的認同，但在年輕人當中甚少共鳴。民建聯有不少候選人和助選團反映，在家訪拉票時，常會遇到父母熱情支持、子女冷淡敵視的情況。我為民建聯的候選人站台，也看到很多年輕人對我們的態度並不友善。

按照2010年通過政改方案的附帶條件，這次區議會換屆，首次取消所有委任議席。雖然競選氣氛不算熱烈，但投票率達47%，創了歷屆新高（這紀錄被2019年的逾70%打破）。投票的選民，顯然有不少並非只看候選人服務地區的表現。多名「老將」意外「墮馬」：連任了多屆的資深議員，敗在地區經驗較淺的挑戰者手下。

特別矚目的是4名「雙料議員」（立法會議員兼任區議員）競選連任區議員失敗。他們是：民建聯的鍾樹根，敗給「傘下爸媽」（佔領行動中年輕示威者父母的組織）徐子見；民建聯的葛珮帆，敗給工黨張超雄議員助理、曾在反對新界東北發展示威中用輪椅撞擊立法會玻璃門的葉榮；民主黨的何俊仁，敗給曾任區議會當然議員的何君堯；民協的馮檢基，敗給首次參選的工聯會「小花」陳穎欣。意外墮馬的除了

這幾名雙料議員外，還有多名競選連任的資深區議員，包括建制派的陳雲生、郭必錚和劉偉榮，以及泛民的陳樹英和莫嘉嫻。據統計，387名角逐連任（包括委任轉直選）的區議員中，73人連任失敗；75名首次參選的候選人勝出，其中33人年齡在30歲以下，有建制派，也有非建制派。全部當選者的平均年齡，比上一屆年輕了近兩歲。

五十多名「傘兵」的表現引起不少議論。他們被稱為「傘兵」，除了因為他們「空降」沒有服務往績的選區，更因為他們來自佔領行動（他們叫「雨傘運動」）催生的組織。他們大部分是年輕人；跟「傳統泛民」比較，對「一國兩制」的態度更為負面。由於他們都是初次參選，一無知名度，二無資源，三無地區工作經驗，所以選情不被看好，但其中竟有9人成功當選，而落選者之一的游蕙禎，也取得2345票，僅以304票敗給競選連任的雙料議員梁美芬。

回過頭來看，2015年區議會選舉的種種「意外」結果，其實發出了清楚的訊息：佔領行動之後，香港的政治生態已發生重大變化；建制派依靠地區服務在區議會選舉取得的優勢，已受到嚴峻的挑戰。不過，選舉結果在當時並未有喚起建制派的危機意識，因為建制派贏得的議席總數只是輕微下降，而他們視為主要對手的泛民黨派也佔不了多少便宜。

3個多月後，立法會新界東補選，填補湯家驊辭職留下的空缺，公民黨楊岳橋一如所料當選，民建聯候選人周浩鼎只以萬餘票之差落敗。建制派對這成績表示滿意，無意深究另一名候選人——因參加當年農曆新年旺角暴動已被起訴的「本土民主前線」代表人物梁天琦——為何竟贏得6.6萬多張選票。

矛盾之旅

　　前文（見第104至105頁）提及，政府在2013年10月宣布，原則上同意向兩家傳媒機構發出新的免費電視牌照，其中一家是Now TV旗下的香港電視娛樂。2015年4月1日，香港電視娛樂獲當局批出免費電視牌照，有效期為12年。同年6月中，Now TV一位電視節目編審Avis來立法會主席辦公室找我，邀請我在他們即將開辦的免費電視台擔任一個旅遊節目的嘉賓。

　　Avis解釋説，該節目是電視台的開台主打節目，邀請背景、身份、價值觀矛盾對立的社會名人，一同出遊外地，展開另類行程，電視台外景隊全程拍攝。他們擬邀我和「長毛」梁國雄作第一組配搭，在當年暑假立法會休會時起行。她説，長毛已表示同意，並且建議前往巴西，我可攜同太太參加。

　　長毛很會出主意。他曾經贈我一本講巴西足球的書，我告訴他那本書很好看；他又知道我太太喜歡舞蹈，會有興趣去巴西看當地人跳森巴舞。但是，和長毛一起去巴西做電視騷，我興趣不大。我並不抗拒與長毛同遊：私下相交，他不是很難相處的人；但香港去巴西要飛20多個小時，如果全程有個長毛坐在你身旁，可以很難受，因為他會不停地説話。再説，南美洲路途遙遠，我很想去一次，但不會去第二次；我寧可等到退休後無牽無掛地去旅遊，不用數着日子趕回來，更不是去工作。

我向 Avis 説了我的想法，她説，沒問題，大家可再想想有什麼好的目的地，稍後再決定；她就當我答應了參與他們的節目了。

　　幾天後，我忽然醒覺：我不能參加這個旅遊節目。電視台是商業機構，他們邀請我和長毛在他們的節目裏出現，只因我們是立法會議員。但節目跟立法會職務無關；我們利用議員身份去享受商業機構款待的免費旅遊，肯定有麻煩。如果要我們自付旅費，那又等於義務為電視台工作，同樣不恰當。我對長毛説了我的顧慮，他也同意是個問題，於是我們通知 Now TV，我們不幹了。

　　Avis 和她的同事們不肯放棄，反覆和我們研究怎樣可以迴避收受利益的問題，終於給他們想到一個辦法：與慈善機構「義遊」合作，組織我們到外地當義工，這就「山師有名」了。暑期已過，我們選擇在聖誕假期出發；長毛建議去波蘭，我同意。

　　2015 年 10 月，香港電視娛樂宣布以「ViuTV」作為其免費電視品牌，主打「實況娛樂節目」。

　　當年聖誕前夕，長毛和我，還有我的太太，在電視台 10 名工作人員陪同下前往波蘭。我們在波蘭參加了兩項慈善活動。第一項是探訪貧困家庭，送上他們最渴望得到的聖誕禮物。第二項是參加當地一個志願團體為露宿者和貧困家庭舉辦的平安夜餐會，協助用餐的服務工作。除此之外，電視台還給我們安排了多項參觀活動，拍攝我們各自的表現和互動，全程足足一個星期。

　　ViuTV 於 2016 年 4 月 6 日開播。開台節目中收視率最高的，是《跟住矛盾去旅行》第一集：我同長毛到波蘭旅行。該節目平均收視率10.6%，即最少有 68.9 萬觀眾透過不同平台收看；首 7 日的網上點擊率達 78 萬。過去這幾年，不時還有人對我説：「你和長毛去波蘭的節目很好看。」

矛盾之會

《跟住矛盾去旅行》真人騷播映後不久，在香港會議展覽中心上演了一場「跟住矛盾會見國家領導人」的真人騷。

2016年4月14日晚，特區政府宣布，行政長官梁振英邀請了全國人大常委會委員長張德江來港，出席5月18日由香港特區政府主辦、國家發展和改革委員會、商務部、人民銀行及外交部作為支持單位的「一帶一路高峰論壇」，並作主題演講。這將是張德江出任中央港澳協調小組召集人後首度訪港。很多人都關注，這位主管港澳事務的國家領導人來到香港，會否宣示中央對「港獨」問題的態度，以及對下一任行政長官人選有什麼表示。

我對傳媒說，希望張德江來港時可以和立法會各黨派議員會面，但我對此不存厚望：政改方案否決後，中央官員還有什麼誘因要和任期即將屆滿的立法會議員打交道？

5月10日，68名立法會議員（70人減去梁國雄和黃毓民）收到行政長官梁振英的請柬，邀請出席18日晚上7時在會展中心舉行的張德江訪港歡迎晚宴。請柬附有「嘉賓須知」，列明出席晚宴須穿着「正服」，下午6時前到場辦理領證和安檢，6時45分前按指定枱號就座；遲到者將不准進入宴會廳。

8年前，時任國家副主席、主管港澳事務的政治局常委習近平訪

港，特區政府也邀請了全體立法會議員出席歡迎晚宴（當年梁國雄也收到請柬，但在宴會廳外被拒進入）。那次泛民議員大多數應邀赴宴，但被編排在遠離主家席的座位，不但不能與習近平交談，連「眼神交流」的機會也沒有。多名泛民議員對此口出怨言，有人更表示以後要杯葛類似活動。這次歡迎張德江的晚宴，多名泛民議員收到請柬後都聲言不會出席。

可是，事情很快便發生了出人意表的變化。晚宴請柬發出當天，我收到通知，特首辦主任邱騰華找我有事商量。第二天中午，邱來到我的辦公室，告訴我最新消息：中央政府同意，在歡迎晚宴之前，安排法官、行政會議成員、部分立法會議員和區議會主席與張德江會面。這小範圍的會面以晚宴前酒會的形式進行，在會展中心的一個房間，6時20分開始，約半小時結束，方便各人移步往宴會廳出席晚宴。

邱騰華透露，這安排是他兩天前在北京商討張德江訪港行程細節時才獲中央同意的。特首辦發出晚宴請柬時，他還未返抵香港，來不及在發柬前把會面安排告知有關議員。獲邀參加會面的立法會議員共10人，除我之外有5名建制派和4名泛民議員，代表了立法會裏各個黨派。邱騰華親自去找會面名單上的泛民議員，向他們說明安排，並勸他們出席晚宴。

回歸以來，泛民雖然曾有多次與中央官員對話的機會，但與張德江這級別的國家領導人交談，卻是前所未有。中央作出這次破天荒的會面安排，似乎有意在政改否決後，保持與泛民的溝通。

梁振英對傳媒說，這會面是由他提出、獲中央同意的。如果是他有意促成泛民與張德江的接觸，他的一片苦心並沒有換來泛民的善意：會面成為泛民議員對梁振英的控訴會。

領導風範

　　我和其他應邀出席餐前酒會與張德江會面的嘉賓提早到達酒會場地。場內放置了4張高腳桌：最接近入口的第一桌，由終審法院首席大法官馬道立和高等法院首席法官張舉能佔用；第二桌是13名行政會議非官守議員，包括兼任立法會議員的葉劉淑儀、林健鋒和葉國謙；第三桌是立法會議員，計有梁君彥、李慧琼、鍾國斌、陳婉嫻、廖長江、劉慧卿、梁家傑、何秀蘭、李國麟和我；第四桌是觀塘區議會主席陳振彬和西貢區議會主席吳仕福。

　　按原定安排，張德江將於6時20分進場，依次和4組嘉賓見面並作短暫交談；全過程於6時50分結束，然後所有人前往宴會廳，參加7時開始的晚宴。

　　但張德江6點半才來到。在梁振英、王光亞和張曉明陪同下，他先後跟法官和行會成員打招呼，然後來到立法會議員面前。我給他逐一介紹每位議員後，張德江說：「我們怎麼談呢？不如就在這裏談吧。」他停下來不再往前走，其他各組嘉賓於是都向我們的桌子靠攏，會面彷彿成為立法會議員的主場。

　　這時，劉慧卿搶先發言，猛烈抨擊梁振英的施政表現，指他製造對抗、撕裂社會。她對張德江直言：「泛民主派要求梁振英不要再參選行政長官！」她講了超過5分鐘，然後梁家傑接力，繼續痛陳梁振英的不是。兩人說話時，我留意到，站在張德江身旁的梁振英態度從容，一

286

直保持微笑；倒是另一旁的張曉明滿臉慍色，十分不悅。

　　我趁梁家傑稍作停頓時插話，邀請其他人發言。行會成員查史美倫和周松崗接着開腔，談金融問題。跟着輪到何秀蘭，仍是不斷批評梁振英的缺失，說「香港人」都反對他做特首。行會成員鄭耀棠按捺不住，挺身而出為梁振英辯護，指他得到很多香港市民的支持。李慧琼亦加入「保梁」，稱不少香港人看到梁振英施政的成績。兩位區議會主席也一唱一和，為梁振英說話，稱讚他做了很多改善民生的工作。接着，葉劉淑儀和廖長江都談了中央對香港的支持和「一帶一路」給香港帶來的機遇，自由黨的鍾國斌則批評梁振英未能完成國家主席習近平向他提出的「謀發展、保穩定、促和諧」任務，李國麟也發言批評特區政府的施政。

　　張德江聽完所有人發言後作回應。當他說到「中央政府滿意行政長官梁振英和特區政府過去幾年的工作」時，劉慧卿即插嘴說：「你說滿意梁振英和特區政府的工作，外面很多人不高興！」張德江表示無意和她辯論，但他保持平和的語氣，繼續就「一國兩制」原則和香港的情況，表達中央的立場和看法。他說了大概20分鐘，已是晚上7點半，比原定的晚宴開始時間過了半小時；張曉明催促各人移步前往宴會廳。

　　事後有「梁粉」向人透露「內幕消息」說，泛民在張德江面前的表現令他大為惱火；進入宴會廳前，張德江在休息室裏大發雷霆。我認為這絕不可信：晚宴上我坐在主家席，看到張德江整晚心情十分好；我受譚耀宗所託請他在一本民建聯印製的《基本法》小冊子裏簽名時，他還主動跟我聊了幾分鐘，完全不像生過氣。

醫改推倒

政府擱置《2014年版權（修訂）條例草案》的立法程序，讓路給其他法案，希望20多條已完成或即將完成法案委員會審議的法案，可以在第五屆立法會任期結束前三讀通過。

立法會首先要審議通過《財政預算案》。泛民議員照例拉布，我依法「剪布」。預算案5月下旬表決通過後，其他法案便相繼列入議程，依次處理。當中有一條《2015年截取通訊及監察（修訂）條例草案》，由於議員有很多意見要發表，並且要處理分別由政府和議員提出的20多項修正案，從恢復二讀辯論到三讀通過，跨過了3次會議。其餘的法案大部分爭議不大，處理的程序大致順利。從5月底到6月下旬的6次立法會會議，一共通過了19條法案。

政府預期在當屆立法會通過的法案只餘下3條：《2016年醫生註冊（修訂）條例草案》、《私營骨灰安置所條例草案》和《2015年消防（修訂）條例草案》。立法會任期結束前還有3次會議；對3條法案可以及時通過，政府和議員都感到樂觀，甚至認為會剩下一點時間處理議員議案。沒有人想到，本來獲立法會跨黨派支持的醫生註冊條例草案，審議過程遇到愈來愈大的阻力，結果耗盡了立法會全部餘下的會議時間仍未完成審議。

醫生註冊條例草案針對本港醫療服務長期為人詬病的兩個問題：其一是醫務委員會處理醫療事故的申訴往往要拖延很長時間，且有

「醫醫相衛」之嫌；其二是本港醫生短缺，而醫委會對引入非本地培訓醫生限得太死。法案的目的，是增加醫委會的非醫生成員、改善申訴調查和紀律研訊機制，以及放寬非本地培訓醫生來港執業的條件。

立法會各黨派，不論建制抑或泛民，開始時都表示支持法案通過，只有醫學界議員梁家騮反對。有「怪醫」之稱的梁家騮，對法案中的兩項條文提出了一共11萬2千多項修正案。我決定全部不批准，理由是提出的方式不合規：根據《議事規則》，議員提出修正案的預告，須「以書面送達立法會秘書辦事處」；梁家騮的修正案全部以電子方式儲存在USB記憶裝置交到秘書處，不符合「以書面送達」的規定。

「怪醫」並不是孤軍作戰：他背後有許多千方百計阻撓立法的醫生。有人散播流言，指政府通過法案的目的是要大量引入內地醫生；又説增加政府委任的醫委會委員是為了讓梁振英控制醫委會。在網民猛烈圍攻下，公民黨轉軚反對法案，多名泛民議員也陸續加入拉布。

2016年7月15日，第五屆立法會最後一次會議的最後一天，晚上10時半，醫生註冊條例草案的審議仍在進行中，政務司司長林鄭月娥會見傳媒，批評泛民議員盲目地反對條例草案，並且「在反對的過程裏不斷令社會撕裂，製造更大的矛盾，傷害醫生和病人的關係」。她説政府不能撤回條例草案，因為撤回便對不起許多支持條例草案的香港市民，特別是病人組織。

個半小時後，立法會「會期中止」。未能完成審議的醫生註冊條例草案宣告死亡，連帶規管私營骨灰龕和建立消防工程師註冊制度的兩條法案也要陪葬。

祝福香港

回歸前的立法局，以及回歸後首三屆立法會，每屆任期的最後一次會議，都有「告別議案」辯論。第四屆立法會，由於有議員拉布，最後一次會議在處理完多項法案之後已到了法定的「會期中止」時間，告別議案辯論被擠掉了。到2016年結束的第五屆，我起初以為可以及時完成所有立法項目，有機會進行告別議案辯論。我既要告別議會，自要準備一篇像樣的告別演詞。我把流行歌曲《忘盡心中情》的歌詞改寫為描述議會百態，打算在告別演詞裏唱出。

醫生註冊條例草案的拉布開始後，我知道告別議案辯論又要告吹了。即使我把會議的最後數分鐘留給自己説幾句道別的話，會場氣氛也不會適宜唱歌。會期結束前一個星期，議員提早為我舉行餞別晚宴，大部分議員都有出席。大家把酒言歡，暫時放下會議廳裏的針鋒相對。酒酣耳熱之際，議員要唱歌助興，我便乘機獻唱我改寫的《忘盡心中情》，由音樂高手盧偉國議員色士風伴奏。歌詞如下：

> 忘盡心中情，遺下愛與癡。會議廳苦中自娛，立法會好多奇事。
> 服咗AV仁，吸女會用手機；象哥猛扯鼻鼾，食太多話梅陳皮。
> 長毛亂咁嗡，撳佢又撳唔住；毓民佢鬧人唔使揮日子；
> 拉布唔怕臭又長，一剪話咁易。
> 嫻姐、張宇人、大輝與共怪醫，鬧政府似足泛民，問契仔稟咗西環未？
> 元秋搵嘢講，用肺就容易；Tree根開邊瓣只有天知；
> 星哥扮晒領導人，乜都想話晒事。

發咗好多夢，留下笑與悲；立法會此番別離，莫再講那非和是；難捨長年同事。

我當了18年立法會議員，其中最後8年擔任主席；議會生涯裏有許多值得回憶的事情，但歌詞裏提及的議員的表現，給我留下最深刻的印象。

立法會最後一次會議的最後一天下午，我召開記者會，總結立法會的工作（仍在進行的會議交由內會主席代我主持）。我指出，當屆立法會會議的總時數達2174小時，破了歷屆紀錄。會議上議員要求點算法定人數共1478次，消耗會議時間超過220小時，因法定人數不足而流會共18次。

儘管如此，在當屆4年內，政府向立法會提交的89項法案，通過了83項；政府提出的附屬法例，包括「先訂立後審議」的557項和「先審議後訂立」的55項，全部獲得通過。我認為，這些數字說明，如果說立法會「失效」或「不能履行職務」，那是不符合事實的、不公道的。我承認，立法會的表現不能令社會大眾非常滿意，我相信議員們也不會很滿意；但是在現行的制度下，我相信絕大多數議員已盡了責任履行職務。當天晚上，距離立法會「會期中止」的時間尚有20分鐘時，我邀請高永文局長就醫生註冊條例草案發言。我以為在他發言之後，我仍有時間發表簡短的告別祝願。可是，局長發言完畢，已是晚上11時59分；我只有一分鐘。

我說：「第一，能夠在這精采的議會擔任主席8年，是我很高的榮譽、很大的享受。第二，我真心相信，議會裏的每位議員都是用自己的方式為香港服務……祝福香港，香港一定要贏！」

這短短數語，出自肺腑；雖然我知道，相信的人不多，聽明白的人更少。

後　記

　　中國恢復行使香港主權已二十多年。在回歸前
後，推進民主、最終達致普選一直是大部分香港人
的願望，可是香港政制發展卻多次與推進民主的方
案失諸交臂。最後一任港督彭定康，甫來港即拋出
惹起爭議的政改方案，被指「三違反」，結果中國政
府決定在香港回歸時成立臨時立法會，原來設計的
「直通車」安排告吹。

　　回歸初期，中央對董建華信任有加，放手「港事
港辦」，詎料2003年50萬人上街反對《基本法》23
條立法，民怨升溫；好不容易形勢轉趨穩定，北京
於2007年承諾2017年准許香港普選行政長官，可
惜後來爆發2012年反國教風波及2014年佔領運
動，兩地互信跌至冰點，普選方案拉倒；2019年一
場反對修改逃犯條例亂局，中央出手訂立《香港國
安法》、「完善香港選舉制度」……

　　香港民主路途多舛，特區管治長期陷入困
局，是否可以簡單歸咎「制度缺陷」、「反對派」搞
局？回歸前後五任香港首長期間扮演過什麼角色？
信報出版社特別趁《時不再來　主席八年下冊》出
版，訪問作者曾鈺成，點評五任首長，冀總結經
驗，啟示香港何去何從。

主席點評香港政府五任首長

彭定康 政治手腕超班
政客本色反礙港民主

問：在你30年政治生涯中，經歷過末代港督與4任特區行政長官，與
其中3位貼身合作過。1992年創立民建聯後，你第一個打交道的
香港政府首長是港督彭定康，與他有5年時間的轇轕來往，在你
眼中，他對香港回歸有何影響？

曾：當時香港準備回歸，正值過渡期，彭定康來港後，跟北京發生很
多爭拗。事有湊巧，彭定康1992年7月9日到埗，民建聯翌日正
式成立。他就任後不久即與民建聯見面，並揚言：「任何時候你們
要見我，只要提出，我一定見你們。」這承諾他是信守了。

彭定康要推動香港民主化，但從中國角度來看，他是漠視甚或否
定中英兩國政府先前達成的協議。1992年10月宣讀第一份《施
政報告》已提出他的「政改方案」，一出台北京立刻批評他「三違
反」，即是違反《中英聯合聲明》、違反《基本法》，以及違反兩國
政府的外交協議。

在《施政報告》發表前夕，我和民建聯當年唯一的立法局議員譚
耀宗去見彭定康。譚耀宗對他説，作為香港總督，需要跟中方合
作，應該去了解怎樣跟中國政府打交道。彭定康想也不想便回
應：「很多人告訴我怎樣跟中國打交道；中國政府也應該了解一
下怎樣跟我打交道。」我把他這番話向一位很熟悉中國的英國記
者複述；那位記者説，彭定康帶着這傲慢的態度與中國打交道，必
然要跌跤。

問：這種不了解，後來差點妨礙香港回歸的平穩過渡？

主席八年下冊　時不再來

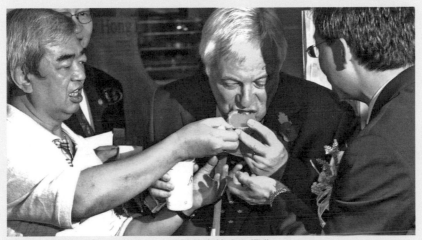
當年彭定康頻頻「微服出巡」，吃蛋撻飲涼茶成為經典。

曾· 可能是所謂「開壞頭」，他自行提出此改方案，事前完全沒跟北京通聲氣、打招呼。政改方案是關於如何落實《中英聯合聲明》和《基本法》，以及為中英雙方一直磋商的安排鋪路，怎能不與北京商量？結果惹來（港澳辦前主任）魯平斥他為「千古罪人」。

由1992年彭定康到港至翌年年中，我去見過他一兩次，敦促他與北京商討。有一次我對他說：「You are playing into the hands of the hawks in Beijing.」意思是他如此當總督，只會讓北京的強硬派當道。彭定康立即反駁：「They are playing into the hands of the hawks in London.」

另一次，我勸他與北京談政改，他反問：「因為什麼呢？」我回應他「To salvage the through train」（挽救「直通車」）。當時我覺得在北京的主流意見，仍希望能有「直通車」。《基本法》設計第一屆立法會任期兩年，正是依循中英雙方的協議，1995年那一屆立法局，到1997年不用落車，做多兩年成為特區首屆立法會，這有利於「平穩過渡」。

彭定康如果堅持他的政改方案，1995年選舉產生的立法局，很難令北京放心讓它過渡成為回歸後的立法會，「直通車」便可能脫軌。我說罷，彭定康表示，他擔心即使立刻開始與北京磋商，一年後可能依然無「直通車」。中英雙方終於在1993年中展開談判。該年10月，我在北京港澳中心，魯平來到我房間滿臉興奮地說：「看來談得成；現在只剩下兩個問題未解決，但這兩個問題我們都有讓步空間。」豈料一個月後，談判便告破裂。彭定康方案獲立法局通過，「直通車」沒有了。

事後回看，有人認為「幸好談不成，取消了『直通車』」。2015年立法會沒有通過普選方案，同樣有人感到慶幸。對於香港的民主發展，歷來都有兩種不同的意見，不論在北京抑或香港。

問：彭定康來港前是英國保守黨主席，在當地政壇甚具份量，以其資歷來港做總督，你覺得有何功過？

曾：彭定康在任那幾年，徹底改變了香港的政治文化。以前的港督都是外交官背景，是公務員；彭定康卻是政客，而且公認是「超班」的政客。他以自己作榜樣告訴當時香港的政界中人，政客可以是什麼模樣，政治可以怎樣「玩」。例如政府首長到立法機關接受質詢，是他發明的；他還在大會堂主持公眾答問大會。以前的「督爺」怎會出席議員或市民的答問大會？又例如每星期「巡區」，也是

彭定康（中）就任港督不久即推行政改，經常與各黨派要員包括曾鈺成（左起）、李鵬飛、楊森和馮檢基等溝通。

「肥彭」首創；吃蛋撻、飲涼茶、抱嬰兒，做到足。大家或許仍記得他到臨屋區一幕，有人抓隻老鼠給他看，他從容應對。作為一個政客（我這說法沒貶義），他的表現是一流的。

問：你形容彭定康如此「超班」，但在回歸前數年執掌香港大權，鋪墊出來的事並非有利香港後來發展，對他而言都是一個污點？

曾：在香港回歸前的關鍵時期，倫敦派一位政客來做香港總督，不論對香港或者對中英關係的發展，都是壞處多於好處。

英國廣播公司一名記者Jonathan Dimbleby,是彭定康的擁躉，他的著作 *The Last Governor: Chris Patten and the Handover of Hong Kong* 結尾說，彭定康來港時是一名政客，離開時已是政治家（The last governor of Hong Kong had arrived in the colony as a politician⋯He would depart as a statesman）。我覺得這是失實的褒獎：他脫不了 politician 的本色，沒有成為 statesman。

彭定康可能贏盡眼前一切，包括與北京的口水戰，在香港作為「督爺」控制大局，每次到立法局答問儼然個人表演。這又如何呢？他在關鍵的5年當上香港總督，破壞了中英雙方的合作關係，一手斷送了「直通車」；如果他真心希望香港發展民主，他會為自己造成的後果感到高興嗎？

破壞了「直通車」，即使不叫倒退，無論如何對香港的民主進程造成阻滯，亦種下回歸後一次又一次政改的障礙。歷史就是這樣，有些人自以為聰明，以為可以加速香港民主發展，結果適得其反。

一嘟睇片
主席評彭定康，請上
https://bit.ly/3xdg4Co 觀看。

董建華 深得北京信任
2003 大遊行成轉捩點

問：香港在 1997 年 7 月 1 日揭開新頁，董建華是獲鋪排好的未來特首。外界印象你與董先生關係頗為密切，今日回望，有何體會？

曾：你說第一任行政長官董建華事前被鋪排好，我其實不清楚。香港公眾應該直至 1996 年下半年，才知曉董先生原來是「真命天子」，先前出現過「江握手」（1996 年 1 月，時任中共總書記江澤民在北京會見香港特區籌委會時，主動尋找董建華握手）。還有另一場合，那年 3 月，我在北京出席全國政協會議，期間有一幕我印象很深，記者反應亦很大。當時在人民大會堂影集體照，董先生站前排，記者被攔在一旁。忽然有一名記者手中的東西——我忘了是筆還是錄音機的電池——掉到地上，滾出了記者區。有一個西裝筆挺的人從容地上前，俯身把東西拾起，交回記者手上，全場屏息注視，此人正是董建華。事後有記者對我說，「董如此風度，贏盡人心」。

當時一度流傳所謂「南楊北董」：第一任行政長官人選，香港新華社支持香港首席大法官楊鐵樑，北京港澳辦則挺董建華。第一屆特首選舉有 4 人合資格「入閘」，除董、楊外，還有吳光正和李福善。民建聯支持誰呢？如果說我們沒有收到北京的訊息，人們大概不會相信。但真的，我當時是民建聯主席，收到的訊息是「董建華和楊鐵樑都可以」。民建聯內部有不同意見，程介南替董建華拉票，馬力則是楊鐵樑的軍師，有份撰寫楊官的參選政綱。最後各人投了什麼票，只有投票人知道，因為是不記名的。

問：董建華一上場，便邀請你加入管治團隊？

時任國家主席江澤民回歸前曾「眾裏尋他」找董建華握手。圖為兩人在澳門特區一周年紀念喜相逢。

曾：董先生邀我加入特區第一屆行政會議，但可能要辭任民建聯上
　　席。他説如果我不願意，可以請譚耀宗來，結果譚耀宗做了首屆
　　行會成員。此外，2002年他推行問責制，董先生又叫我考慮加入
　　政府做局長。做官同樣不能繼續擔任民建聯主席，我和民建聯的
　　核心成員們商量後，再次推掉董先生的邀請。

　　2002年管治班子改組，除了問責局長不再屬於公務員隊伍，同時
　　把行會轉化為政府內閣，即是幾乎沒有非官守議員，全部主要官
　　員坐入行會。但《基本法》規定，行政會議須包含立法會議員、主
　　要官員和社會人士，故重組後仍保留5個非官守席位。我以民建
　　聯主席身份加入，田北俊是自由黨主席、鄭耀棠是工聯會會長，代
　　表3個跟政府友好的政治團體，再加法律界的廖長城，以及原來
　　的行會召集人梁振英。

問：董建華上任初期，中央對於香港很放手，本應是董先生大展拳腳
　　的時候，為何效果不彰？

曾：回歸初期大家有種亢奮的情緒，英文叫 euphoria。董先生在就職演説和他的第一篇《施政報告》都説，我們當家作主了，可以做很多以前做不到的事，想像以前不敢想的計劃，真是帶着一腔熱誠、雄心萬丈要搞好香港。

他當時覺得，回歸前數年香港因為彭定康引起的政治爭拗，浪費許多精力和時間；現在不要再搞政治了，應實實在在做好經濟民生。但結果不行，所有經濟民生問題其實都離不開政治。

彭定康擔任港督期間，非常重視與公眾溝通，他設有「心戰室」，並開創政府高層每天舉行「早禱會」的慣例，由專人滙報當日新聞，任何部門出了問題「見報」，須即時作危機處理，不得讓負面新聞發酵。董建華接管政府後，保留了「早禱會」，但對它的功能並不重視，有時自己也不現身主持，因為董先生覺得要多做實事，對政治公關不感興趣。

問：在太平盛世，這種不碰政治、專注經濟民生的施政或許可行，然而董建華上任時亞洲金融風暴正在醞釀，後來又發生連串不利情況，令他耍不出章法來？

曾：你説得對，董先生也真不夠運。第一份《施政報告》裏，房屋政策是一大重點：1997年樓市熱得厲害，甚至到瘋癲程度。大家都盯着《施政報告》看有什麼冷卻樓市的措施，結果他只提出「八萬五」方案（每年供應不少於8.5萬個住宅單位），當時人人都認為，僅提高房屋供應，根本不足以遏抑樓價。誰知《施政報告》話音未落，便颳起亞洲金融風暴，推倒樓市；接着又有禽流感。這些麻煩都不是董先生弄出來的，社會對他應該公道一些。

不過，若説在「太平盛世」可以不搞政治，我也很懷疑。如今看來，回歸後這二十多年，政治正是特區政府弱點所在，每一項公

臨時立法會結束歷史使命，董建華出席惜別宴與曾鈺成合照。

共政策其實都是政治，都牽涉平衡各方利益，不會是「一加一等於二」那麼簡單。

問：董建華任內很多事情他來不及反應、或處理得很被動，但對於第一步成功落實「一國兩制」，他算不算有加分？

曾：當然有。董先生有一項很大的優勢，是中央政府非常信任他，中央當時也很信任香港人，可能由於回歸時順利過渡，特區政府圓滿地成立。起初幾年，中央政府的確很放手。

中央一直不干預董先生和特區政府的工作，直至2003年50萬人上街反對《基本法》第23條立法。那是回歸以來對「一國兩制」的第一次重大衝擊：第23條立法早已寫在《基本法》，特區政府依法提出，中央政府全力支持，甚至到最後同意特區政府的建議，剝掉草案的「三隻牙」，然而香港人依然拒絕接受。

這件事之後，我覺得中央與特區的關係、中央與董先生領導的特區政府之間的關係，起了明顯變化。2003年之前中央百分百放

心，認為「香港的事我們不懂，你們才懂；別來問我們意見，你們自己去處理」；2003年7月之後，中央發現，原來香港少看一眼都不行，會出大事。於是中央成立了港澳工作協調小組，時任國家副主席曾慶紅當組長。民建聯回歸後第一次獲邀訪京，就是由曾慶紅接見。

問：董建華2002年於無競爭下順利連任，但到23條立法失敗後，相隔一年多，到2005年3月他便宣布辭職。是否23條立法引起的動盪觸發中央有此部署？

曾：相信是，雖然我沒有內幕資料。在2003年事件後，香港政局生變，中央有理由擔心香港的局面穩不住。《基本法》列明行政長官最多做兩屆，如果董先生做完第二屆，即是到2007年，便一定要換人。誰來接任呢？

我剛才說，第一屆特首選舉是真正的競爭。到2007年，香港是否經得起另一次這樣的競爭呢？中央會想：如果下一任行政長官由董先生身邊的幾位政府高層人士出來競爭，特區政府可以維持有效管治嗎？中央決定提早換人，避免因特首換屆「跑馬仔」會造成不穩定，在香港經歷了2003年衝擊之後是可以理解的。誰知這猶如變成一道魔咒，往後的特首都做不完10年的兩屆任期。

一啪睇片
主席評董建華，請上
https://bit.ly/3gDYn9U 觀看。

曾蔭權 與泛民融洽
任內中港關係大逆轉

2005年特首曾蔭權在民建聯曾鈺成及譚耀宗陪同下，人清早到訪西九龍普通科門診視察長者輪街症苦況。其後曾蔭權推出電話預約門診服務，解決親身輪籌問題。

問：時勢造就了香港第二位特首曾蔭權，你覺得他有否如後來競選連任時的口號般「做好呢份工」？

曾：或者我們退一步來思考：到底須具備什麼條件才能夠成為一個政府的首長或政治領袖？

看中外例子，大多數人達到管治的最高位置前都有一段經歷，由低層做起。假如這位置是由更高的權威委任的話，你便要向上級證明你的能力。譬如在中國，國家領導人不是普選產生，卻似「打木人巷」，要憑實績晉升至高位。另一種途徑是選舉：好像特朗普，他當總統前未入過政府做事，但他在一場政治選舉裏的表現贏得多數人支持。香港屬於哪一類呢？

眾所周知，行政長官的人選一定要獲得北京同意；當然要看個人的往績，除了忠誠之外，能力和工作表現北京都會考慮。從這角度看，由政府出來的人，管治能力較易評估。同時，北京亦希望人選是市民歡迎的。

第一屆特首選舉幾位候選人當中，董先生的民望最好，不過他未曾在政府工作過，沒管治經驗，這是他的弱點。曾蔭權則相反，他有豐富的管治經驗；由公務員體系出來的管治人物，特點是很懂得循規蹈矩，慣於「縱向思維」，「破格」或者「出界」的事，他不會做。

然而，現實世界並非所有問題都按本子辦事便可以解決。儘管在曾蔭權時代社會相對較為穩定，他仍要處理很多政治問題。譬如房屋政策，經歷九七亞洲金融風暴，「八萬五」計劃夭折，政府退市，負資產問題一直存在。原來的公私營合作居屋計劃被叫停，掀起了利益分配的風波。

問：曾蔭權 2005 年接任特首後，迎來了內地與本港關係最好的數年，一直到 2008 年北京奧運前後更達致高峰？

曾：曾蔭權上台後最初兩年（2005 至 2007 年），真的如他所說，是回歸以來可以做到「強政勵治」的時期。如今回頭再看，2007 年時任國家主席胡錦濤來港主持回歸 10 周年慶祝典禮的時期，整個社會氣氛最好，亦因此令中央放心，在當年 12 月決定 2017 年香港可以普選行政長官，之後普選全部立法會議員。這是回歸以來，中央對於香港民主發展最正面的一個決定。

當時泛民主派很多人喜出望外，甚至感到詫異。還記得當時我跟一位民主黨核心人物在做節目，忽然傳來消息指北京決定香港特區 2017 年普選行政長官，該民主黨人問我：「阿曾，係咪真呀，我

有無聽錯?」誰知歷史就是如此無情:當你覺得最好的時候,就出事了。

2007年胡錦濤來港,在歡迎晚宴上發表講話,其中有一段談國民教育。他大致說要讓年輕人多了解國家,分享國家榮譽,承擔作為中國人的責任等等。當時大家都覺得這是理所當然,沒有人抗拒。隨後,曾蔭權連續數年在《施政報告》提出加強國民教育,直至宣布國民教育要成為全港中小學的必修科,於2012年9月開始。

結果2012年爆發了回歸後第二次政治危機──「反國教」運動。如今看來,這件事對「一國兩制」的衝擊不下於2003年反23條立法。當時剛履新的梁振英政府被迫擱置國民教育科;我聽說因為這件事,中央政府對香港的看法又減了許多分。

除了國民教育,曾蔭權在2008年擴大問責制、增加副局長和政治助理,也出了問題。問責制推行以來,問責班子與公務員磨合的問題一直存在;擴大問責制無疑會加深公務員隊伍的牴觸情緒。曾蔭權認為,增加副局和政助可以令問責制更好地發揮作用,豈料這竟成為曾蔭權政府民望下跌的轉捩點。

(國務院前總理)溫家寶趁2005年12月曾蔭權首次上京述職時,第一次公開明言香港存在深層次矛盾,為何要由總理親自囑咐須處理深層次矛盾呢?可見即使是2005至2007年香港比較風光那幾年,中央都看到香港有些問題亟待解決。

問: 相對於前任董建華,曾蔭權任內為香港「把脈」,算不算做得較準確、反應較快?

曾: 曾蔭權擔任特首最初3年,我依然在行政會議,直至2008年當上

立法會主席才退出。可以看到，對行會的要求，以及認為行會應如何發揮作用，董建華與曾蔭權兩人截然不同。

剛才說，董建華 2002 年把行會變為內閣，每次開會所有司局長均參與，另加 5 名非官守議員。到曾蔭權時期，非官守議員重新增至十多人。曾蔭權似乎要讓行會恢復回歸前行政局的功能；他找了一批很能幹的人加入，包括夏佳理、張建東、李業廣等，他們各自在所屬領域都很有權威，而且審閱文件十分認真，令我大開眼界。

曾蔭權是我認識的行政長官中，最重視行會意見的一位，記得有多次由局長交來行會討論的政策文件，經不起非官守議員的提問，被迫撤回。張建東等人很厲害，經常提出令官員難於應付的質問，結果曾蔭權要指令官員：「把文件拿回去再做過。」這批行會成員公開說話不多，但對政府決策真的起到顧問和把關的作用。

曾蔭權熟悉政府運作，時常會想出一些其他人想不到的點子。例如他把實質上是「外傭稅」的徵款，列為一項僱員再培訓徵款，便可以通過行政措施開徵，繞過了立法會。不過，他在任內也經歷了幾次較大的挑戰。比如他提出為「生果金」設資產審查，結果惹來立法會建制和泛民議員齊聲反對，他最終要讓步。又如他成功徵收的「外傭稅」，後來也在立法會的壓力下被迫豁免一段較長的時間。

2003 年七一大規模遊行後，特區政府與中央洽談「個人遊」、CEPA（內地與香港關於建立更緊密經貿關係的安排）等措施，內地來港旅客驟增。「個人遊」原先對促進香港經濟很有幫助，但後來旅客太多，引起了兩地矛盾。梁振英 2012 年上台時，為處理兩地居民的矛盾，要提出「限奶令」和「零雙非」等政策。但在曾蔭權任內，內地居民來香港買奶粉和生孩子，對繁榮經濟和發展醫療產業很有好處。事情的發展是複雜的，現在有人回頭指摘曾蔭權不做事，對他並不公道。

2006年特首曾蔭權為爭取民建聯支持添馬艦政府總部工程撥款,聯同多位司局長出席曾鈺成何文田邨辦事處開幕活動。

問: 政治人物很難「鋪鋪贏」,曾蔭權在任7年,很想做到面面俱圓,事隔多年,人們對他有讚有彈,你又怎評價?

曾: 如果說董先生上場時最大有利因素是中央對他十分信任,那麼曾蔭權至少在初期不只獲中央信任,更與民主派關係非常良好。

曾蔭權自知不像董先生與民建聯和工聯會有一種自然關係,所以他特別願意多走一步去爭取這兩大組織的支持。他曾經兩次出席民建聯的中委會,一次是來解釋政改方案,另一次則是爭取我們挺金鐘添馬政府總部計劃。

Donald很容易發脾氣;來立法會,聽到一兩句不中聽的話,他會立即「黑面」、「掟頸巾」。這本來是一個弱點,但也會令人們欣賞他是「性情中人」;一個喜怒不形於色的政治人物,反會令人覺得可怕。

很諷刺地，他卸任特首後便陷入官非。有件事說出來或許政治不正確：數年前，行政會議前成員王蒢鳴（Rosanna）嫁女宴客，四任行政長官都有到場。當晚 Rosanna 在台上逐位特首介紹，賓客們都禮貌地鼓掌，介紹到曾蔭權時，全場掌聲雷動，久而不歇。當時已身陷官非的他，受歡迎程度竟遠超其他 3 人。

一啲睇片

主席評曾蔭權，請上
https://bit.ly/2TOZfj5 觀看。

梁振英 就任無蜜月期
主動融入國家發展

2012年3月，梁振英當選行政長官。

問： 對於梁振英這位第三任特首，坊間爭議很大，部分人對他有好感，也有人對他諸般批評，你有何觀感？

曾： 4位行政長官當中，CY是我認識最久的一人。我在《基本法》起草時期已認識他；那時他是《基本法》諮詢委員會的秘書長，安子介（諮委會主任委員、前全國政協副主席）對他非常器重。

我開始和CY接觸較多，是在特區預委會（1993年7月至1995年12月）和籌委會（1996年1月至1997年1月）。他擔任重要職位，我是其中一名成員。當年每個月都要到北京港澳中心開會，每次數天。會議期間雖説繁忙，但總有休息時間。記得多次在午飯後，大Sir（鍾士元）、劉兆佳、CY和我4個人到附近公園散步閒

後記

309

聊，在那段日子變得較為熟落。回歸後，有一段時間我和他在行會共事。

我認為我與CY彼此是了解的：我的想法他知道，有許多他不同意；反過來也是一樣。儘管我不同意他的一些看法，但我相信，他是真誠地認為自己的主張符合國家和香港的利益，符合「一國兩制」的利益。

在歷任特首中，梁振英上場時最艱難。他可說完全沒有「蜜月期」，未上台便被反對派叫他「下台」。在他任內，「梁振英下台」的噓聲從未停過。不但泛民反對他，建制陣營裏也有很多人與他「不咬弦」。

還有一點對他十分不利，對於在曾蔭權之後誰接任行政長官，人們一直以為唐英年是大熱人選。曾蔭權政府裏的主要官員，有意在新一屆政府留任的，均已作好準備與唐英年合作。忽然換了是CY，籌組管治團隊自然增加了難度。

CY曾嘗試努力改善關係，例如他主動邀約泛民共進早餐。毛孟靜說不喜歡吃白粥腸粉，CY便特別為她準備了西式早餐。可是，這些聚會大都話不投機，結果不歡而散。我認為，CY與泛民不能破冰，責任不應全部推在CY身上。我再舉一例：行政長官在準備《施政報告》時會諮詢各黨派；CY按傳統逐個政黨邀約會面，可是泛民「飯盒會」卻說：不必分開會面了；要見，就要「飯盒會」二十幾人一起見，且他們只有一句話要說──「梁振英下台」。試問這怎能維持對話溝通呢？

最惡劣的一件事，是黃毓民在立法會會議廳裏向CY擲玻璃杯。CY報了警，黃毓民被控普通襲擊罪，他要傳召CY做證人。CY竟願意出庭作證，令我有點詫異：堂堂行政長官，到法庭上當證

人接受盤問。他在庭上被問，黃毓民擲杯是否令他受驚，他回答是，因這樣才能構成入罪元素。然而，立法會的錄影畫面顯示，他當時非常鎮定地從地上拾起一塊玻璃碎片，在鏡頭面前鄭重地放到講台上。法官不相信他真的感到害怕，判黃毓民罪名不成立。

這件事反映了CY的個性：反對者說他是「戰鬥格」，每逢有人要挑戰他，他一定要還以顏色。他未當特首前，在行會時已很堅持這種態度，遇到有人反對政府，他便說要「Make them pay」。

問：梁振英可能性格上對某些是非位很執着。若論能力，他得以當選特首，該管治到香港？

曾：歷任特首做得這位置，一定是有能力的。董先生有他的強項，也有弱項；曾先生和CY亦一樣。梁振英執着、迎難而上，這是作為領袖的必需條件。但除了要有解決問題的勇氣，「敢於鬥爭」，還要「善於鬥爭」：有些時候需要作出妥協。一個成功的領袖，與不太成功或者失敗的領袖的區別，在於能否準確判斷何時加速、何時煞掣。當碰上很大障礙、堅持下去可能要付出極大代價時，便要評估是否要不顧一切勇往直前，還是應該退一步、讓一讓。

有些事情梁振英拿捏得很準確，例如他一上場提出的「零雙非」和「限奶令」，都贏得掌聲。又例如覓地建屋，他起碼讓人看到是盡了力，講到「粒粒皆辛苦」時，真情流露，眼泛淚光。

專家說，成功的領袖必須具備 likeable（受歡迎）的條件。幾位行政長官都有受歡迎的一面；梁振英也擁有他的「粉絲」。他周圍確實有不少人覺得他做得很好，真心擁戴他。只是歷任特首當中，CY的這個圈子比較小。

聽聞有一次他向官員說：「If you want to be liked, don't go

into politics.」(「你想人們喜歡你,便不要從政。」)我嘗試演繹他這說法:「像曾鈺成你這樣便不行,一味想討好所有人,沾沾自喜於贏得各方面的歡心。你不想得罪任何人,最終就不能堅持原則,有些事情便做不成。」我猜他是這個意思。

問:梁振英任內與某些傳媒的關係,可說鬧得很激烈?

曾:這有點奇怪;CY競選時與傳媒的關係很好。至於未參選行政長官前,或者更早期在預委會、籌委會年代,他不覺得需要應酬傳媒,大家關係不太好。

有一次我聽他說,傳媒從不會麻煩他。他講了一個故事:家裏養了一缸魚,他發現有「大欺小」的現象,大魚經常衝撞小魚。於是他在魚缸中間放了一塊透明玻璃,把大魚和小魚隔開;大魚每次要衝向小魚,便碰在玻璃上,好不難受。過了一段時間,即使移開了玻璃,大魚再也不欺負小魚了。他用這故事比喻,只要讓記者碰幾次釘,對方就不會再來麻煩你。

直至他競選,便完全不同了。他頻頻請傳媒到家中吃飯,很多記者尤其年輕一輩,當時都對他很有好感,覺得他親切友善,不少人替他說好話。

問:CY在任5年,相信不少人都承認他很努力,但效果是否未如理想?

曾:讓我為他多說兩句話:第一,他剛上場已要「打逆境波」;第二,他面對政改的「最後攤牌」。2007年人大常委會作出決定後,大家都在等2017年普選行政長官,方案要在梁振英任內通過。回過頭看,當時中央與泛民有着不可調和的矛盾;加上2010年政改後的發展,到2013年初戴耀廷提出「佔中」作為「大殺傷力武器」企圖迫使中央讓步,其後再滋生「港獨」思潮,雪球愈滾愈大。

CY可能是幾任特首中最不受美國政府喜歡的一位，因為發生了中情局前間諜斯諾登逃到香港爆料的事件。當時美國駐港總領事公開抨擊特區政府有意放走斯諾登，雙方關係緊張。CY公開説過，質疑佔領行動背後有外國勢力。不論香港內部或國際關係，他都面對嚴峻挑戰。

曾鈺成獲特首梁振英頒授最高榮譽的大紫荊勳章。

問： 總的來説，梁振英是香港一個關鍵階段的特首，他有否埋下有利香港未來的種子？

曾： 現在未必看得清楚，但有一件事必須歸功於他。他在2016年《施政報告》數十次提及「一帶一路」，詳述港府應如何做，包括與「一帶一路」國家作文化交流等，他真的很上心支持香港掌握這個機遇。在香港如何融入國家發展大局這方面，CY的確很主動。你看他投身國家改革開放的過程，打從開始階段已在做事。就憑這一點，國家主席習近平對他的欣賞是十分合理的。

一啲睇片
主席評梁振英，請上
https://bit.ly/3wkZHns 觀看。

林鄭月娥
開局佳遇轉折
施政需願景挽人心

問：2017年選出一位女特首林鄭月娥。時光倒流看，當時大家深慶有一位較為全面的特首，既是多年公務員，很「熟書」，且經歷過上屆政府各種變化，理應懂得應變；亦有中央祝福，跟政黨關係良好，這個頭開得不錯吧？

曾：是的。若說跟政黨關係，林太跟民主黨特別要好，最矚目的是她到人家黨慶晚宴坐足一整晚。她與民建聯、工聯會則還可以，說不上很密切。我之前說，曾蔭權很着意拉近與建制派的距離，知道要多走一步贏取信任。有個例子：民建聯一位年輕的深水埗區議員，竟然收到曾特首親自打給他的電話。

手機隨時聯絡得上，梁振英做得到：民建聯的議員隨時可以打電話找到CY，他亦不時會親自致電議員。林鄭從不這樣做，我不知為什麼，可能她很忙。我熟悉的民建聯黨友都覺得，CY無時無刻接觸得到，林太則不是那麼容易。

林太上任後主動提出增加到立法會的時間，說她很享受出席立法會。她這話我完全相信，因為我當立法會主席時，她擔任發展局局長，經常來立法會回答議員質詢，看得出她樂在其中；出了名「熟書」的她，顯然相當滿意自己應付議員提問對答如流。

比對之下，一部分來自特區政府以外的問責官員，往往很怕到立法會接受口頭質詢。他們不僅拿着「貓紙」，還帶着一隊公務員來提場，有些更要建制派議員「打龍通」：拿官員提供的問題來問，消耗答問時間。而每次答問都孤身上戰場、不用帶助手提示的官員只有兩人，一個是舍弟曾德成（民政事務局前局長）；第二個就是

2012年第四屆立法會惜別宴,時任特首梁振英(左)和政務司司長林鄭月娥(右)應邀出席,並與曾鈺成合照。林鄭於2017年接棒出任行政長官。

林太。

她熟書熟到不得了。我最佩服她的一次是其擔任發展局局長時,負責修訂「強拍」條例,因牽涉私人物業產權而惹火爭議,(時任法律界議員)吳靄儀發言期間讀出一部法官著作內一段文字,説明保護私人產權的重要性。吳靄儀讀完後,輪到林鄭回應,她兩手空空,開口便説她也讀過那本書,指出同一作者於書中別處內容原來有另一面説法,證明她真是做足功課,我佩服到五體投地。

很諷刺,本來她如此自信,覺得到立法會是如魚得水,面對議員包括反對派均應付裕如,上任後更主動加場,赴立法會「短問短答」,豈料後來不單正常一年四次的答問大會要取消,連《施政報告》都因泛民未退場前的亂局而讀不下去、史無前例要改為播片。我想,到這地步,任何一個普通人都很難經得起這打擊。

問：CY 年代林鄭月娥曾感嘆度日如年，成為特首後變成「度月如日」，很大反差，當她以為一切可在能力範圍內駕馭的時候，偏偏發生一些超乎她計算內的事。

曾：林太依然在位，她有可能多做一屆，打破回歸以來 3 任特首皆做不滿 10 年的「魔咒」。2019 年以後香港的變化，要找社會內部因素，很明顯是深層次矛盾一直未解決；中美關係惡化的國際因素亦人所共見。有些事情，香港人是無能為力的。評價一個領袖的功過，不能脫離歷史背景。

不過，當中也有領袖個人的主觀因素。2019 年發生社會事件後，相信你也會聽到很多人說：假如我們的特首不是林太，香港會不會弄到這樣？

我覺得，一位領袖在最成功之際，往往亦是危機來臨的時候。回想 2018 年港珠澳大橋開通一幕，林太與習主席並肩而行，地位何等崇高。同年底改革開放 40 周年，中央邀請香港及澳門代表團訪京慶祝，我們由林鄭帶隊，隨團成員都感到很光榮和驕傲，事關林鄭在國家領導人面前發言不用看講稿，說話有條理，言之有物，看得出習主席對她非常肯定。

2019 年初「三隧分流」觸礁，當時立法會內多數黨派都反對政府提出的方案。林太給我的印象是她自覺一片苦心，爭取到與西隧公司達成最好的協議，議員們卻不懂珍惜；「既然你們不要，那就算了，以後不要再給我提三隧分流。」她覺得，很多對香港有利的事都是她爭取得來，皆因習主席和北京信任她才能成事，可惜其他人不領情。

對於修訂《逃犯條例》，林太說，法律一直存在漏洞，只是之前的特區政府都是「鴕鳥」，不敢去碰；唯有她敢去解決問題，且得到

中央支持。「只有我才做得到」，結果便出事了。

問：這也是林鄭的作風，即是覺得自己一個已經「好打得」。

曾：2017年11月，她發表首份《施政報告》後約一個月，香港電台安排我到她辦公室做訪問。未開鏡前，林太告訴我她每晚只睡兩小時，我問，有需要嗎？她答：「真的有需要，所以不是人人都做得這份工。」她接着說，這份《施政報告》有5萬多字，「你在裏面隨便抽一段，我可以說出是什麼內容。」

我當時心想，是否真的要這樣才能當特首呢？與她共事的人都說，林太的確由朝忙到晚。問題是　一個人的精力不可能無限；作為行政長官，是否需要有一些空閒的時間，靜下來，換個腦袋想想問題呢？

還有，在領導藝術中，懂得分配工作十分重要。你做得領袖，比別人能幹是理所當然；如果你認為自己一定做得比別人好，分配工作出去反而要自己「執手尾」，那就不如所有事情自己包辦。倘若領袖有這種心態，團隊裏的其他人便會失去積極性，領袖漸漸變成孤家寡人。

問：香港先後實施國安法和修改選舉制度，有了新的法律和制度框架，是否真的可以重新出發？

曾：我們希望如此，但需要檢討以往特區政府為何施政艱難。當中有兩大原因，其一是政府提出的好政策受到某些力量干擾，無法落實；新制度應該可以排除癱瘓政府、妨礙施政的問題。另一個原因是當局根本沒有好政策。試問：公屋輪候時間愈來愈長，是因為反對派「搞破壞」嗎？貧富懸殊不斷加劇，是「拉布」所致嗎？

後記

本地社會政策不易達成共識，需要政府尤其是特首拿出比較鮮明的一套政治理念，告訴大家如何走下去。除了香港要融入國家發展大局，就促進社會公平、改善基層家庭生活等方面，也要給市民提出一個願景。

再者，實施了《香港國安法》、完善了選舉制度，無疑可以遏止社會亂象，但不等於萬眾歸心；不少市民心中可能還在想：「香港什麼時候才真正有民主、有普選？」不能怪他們；中央和特區政府都一直宣揚《基本法》承諾最終有普選，我們仍應朝着普選目標循序漸進。

一啷睇片
主席評林鄭月娥，請上
https://bit.ly/3cD4kl2 觀看。

時不再來

主席八年下冊

作者	曾鈺成
主編	李海潮
編輯	劉在名
文字協力	黃柏堅
後記筆錄	羅奕熙
錄像	賀佩華、盧詠賢
設計	許錫中
出版經理	關詠賢
圖片	作者提供、黃勁璋（後記）攝影、政府新聞處、《星島日報》、信報資料室
鳴謝	立法會秘書處圖片

出版　　　信報出版社有限公司
　　　　　HKEJ Publishing Limited
　　　　　香港九龍觀塘勵業街11號聯僑廣場地下
電話　　　(852) 2856 7567
傳真　　　(852) 2579 1912
電郵　　　books@hkej.com

發行　　　春華發行代理有限公司
　　　　　Spring Sino Limited
　　　　　香港九龍觀塘海濱道171號申新証券大廈8樓
電話　　　(852) 2775 0388
傳真　　　(852) 2690 3898
電郵　　　admin@springsino.com.hk

　　　　　台灣地區總經銷商
　　　　　永盈出版行銷有限公司
　　　　　台灣新北市新店區中正路499號4樓
電話　　　(886) 2 2218 0701
傳真　　　(886) 2 2218 0704

承印　　　美雅印刷製本有限公司
　　　　　九龍觀塘榮業街6號海濱工業大廈4字樓A室
出版日期　2021年7月初版
國際書號　978-988-75277-6-3
定價　　　港幣　　168
　　　　　新台幣　840

圖書分類　人物傳記、社會科學

作者及出版社已盡力確保所刊載的資料正確無誤，惟資料只供參考用途。

©HKEJ Publishing Limited
Published and Printed in Hong Kong
版權所有　翻印必究　All Rights Reserved